# 生育政策对中国城镇家庭消费结构的影响研究

—— 基于中国家庭追踪调查CFPS 2012—2018数据

曲 娜 著

九州出版社
JIUZHOUPRESS

**图书在版编目（CIP）数据**

生育政策对中国城镇家庭消费结构的影响研究 ： 基于中国家庭追踪调查 CFPS2012-2018 数据 / 曲娜著 . -- 北京 ： 九州出版社，2023.10

ISBN 978-7-5225-2261-6

Ⅰ . ①生… Ⅱ . ①曲… Ⅲ . ①人口政策－影响－家庭消费－消费结构－研究－中国 Ⅳ . ① C924.21 ② F126.1

中国国家版本馆 CIP 数据核字（2023）第 191768 号

**生育政策对中国城镇家庭消费结构的影响研究：基于中国家庭追踪调查 CFPS2012—2018 数据**

| | |
|---|---|
| 作　　者 | 曲娜 著 |
| 责任编辑 | 陈春玲 |
| 出版发行 | 九州出版社 |
| 地　　址 | 北京市西城区阜外大街甲 35 号 （100037） |
| 发行电话 | （010）68992190/3/5/6 |
| 网　　址 | www.jiuzhoupress.com |
| 印　　刷 | 武汉市卓源印务有限公司 |
| 开　　本 | 710 毫米 ×1000 毫米　16 开 |
| 印　　张 | 16.75 |
| 字　　数 | 202 千字 |
| 版　　次 | 2023 年 10 月第 1 版 |
| 印　　次 | 2023 年 10 月第 1 次印刷 |
| 书　　号 | ISBN 978-7-5225-2261-6 |
| 定　　价 | 88.00 元 |

专著资助基金来源：泰山学院引进人才科研启动基金项目（项目编号：Y-02-20222003）

# 前言

　　随着中国经济社会的快速发展，居民消费水平和消费结构升级已经成为衡量人民生活质量和经济发展水平的重要指标。然而，中国居民消费率长期低于发达国家和部分发展中国家，居民消费增长速度也远低于经济增长速度和居民收入增长速度。特别是近年来，随着经济增长速度的放缓，中国经济进入了一个新的常态。虽然居民对消费升级的需求旺盛，但居民消费增长放缓，这已经制约社会、经济的可持续发展，也导致了中国居民消费需求不足与消费结构升级并存的现状。

　　影响居民消费水平和消费结构升级的因素有很多，其中人口因素是一个重要的方面。居民消费一般以家庭为单位进行消费支出，人口结构的变动引起家庭规模的变化，进而影响家庭消费水平和消费结构的变动。中国作为世界上人口最多的国家，人口政策对于人口、社会和经济的发展都有着深远的影响。自 20 世纪 80 年代初实施"独生子女"政策以来，中国人口出生率迅速下降，同时人口老龄化程度也逐渐加深。为了应对人口结构变化带来的挑战，中国政府自2011年开始逐步放宽生育政策，先后实施了"双独二孩""单独二孩"和"全面二孩"政策，并在2021年进一步推出了"三孩政策"。这些政策的调整旨在鼓励符合条件的家庭生育更多孩子，以提高人口素质、缓解人口老龄化压力、促进社会和谐稳定。

然而，生育政策的放宽是否真正达到了预期的目标呢？它对城镇家庭的消费水平和消费结构升级有何影响？这些问题一直是学术界和政策界关注的焦点。本书试图从微观层面出发，以二孩生育政策为准自然实验，利用中国家庭追踪调查CFPS2012—2018四轮调查数据，采用双重差分法、倾向得分匹配法和三重差分法等方法，分析政策对城镇家庭消费水平和消费结构升级的影响效果、作用机制和异质性差异，并提出相应的政策建议。

本书共分为六章。第一章为研究背景与导论，介绍了研究背景、研究问题、研究意义、研究方法、创新点和研究思路。第二章为文献综述，回顾了国内外关于生育政策、家庭消费水平和消费结构升级相关理论和实证研究，并指出了本书所要填补的研究空白。第三章为生育政策变迁与居民消费变动趋势，介绍了生育政策演变历史及其实施效果分析，新中国成立以后中国居民消费结构演变，城镇居民消费变迁及特征分析，以及城镇居民消费变迁与人口转变的关系。第四章为理论假说与研究设计，提出了本书的理论假说，并介绍了数据来源、样本选择、研究方法、变量说明和模型设计。第五章为估值结果与分析，展示了描述性统计与相关性分析，回归结果与分析，稳健性检验，影响机制检验和异质性的结果与分析。第六章为结论与政策建议，总结本书的主要研究发现，提出有利于促进生育率和提升家庭消费结构升级的建议措施，并指出本书的研究局限性，提出未来研究展望。

# 目 录

# 第一章　研究背景与导论

## 第一节　研究背景

低出生率已经成为全球面临的严重问题，对社会、经济和人口结构产生深远影响。人口结构的变动自然会引起居民消费的变化，因此人口政策成为影响消费水平和消费结构升级的重要因素。在中国，生育率持续下降并伴随着人口老龄化的加剧。与此同时，中国面临着消费需求不足和消费结构升级并存的挑战。此外，近年来，二孩生育率已经超过了一孩生育率，这意味着家庭规模的扩大和生育行为的改变。鉴于其他国家存在类似的情况，我们可以从中汲取借鉴经验。

低出生率问题不仅在中国，而且在全球范围内都备受关注。随着经济和社会发展，人们的生活方式发生了巨大变化，导致了生育行为的转变。在中国，尽管独生子女政策曾经在控制人口总量方面起到了重要作用，但它也对人口结构和家庭消费产生了深远影响。中国的消费需求存在不足之处，同时也在逐步升级。近年来，二孩生育率超过了一孩生育率，这反映了家庭对多子女的需求和偏好。

此外，许多国家也面临类似的人口和消费问题，并已采取一系列措施来应对低生育率的挑战。通过借鉴其他国家的实践经验和教训，我们可以更好地理解和解决中国面临的问题。

本节将从以下五个方面分析这些问题：一是低出生率成为世界难题，介绍低出生率问题的全球性、普遍性和复杂性，并分析其对社会、经济和人口结构的影响。二是中国的生育率与人口变化情况，梳理中国自 20 世纪 80 年代以来的人口政策变化及其效果，并分析其对中国经济社会发展的影响。三是中国消费需求不足与消费结构升级并存，探讨中国居民消费水平和消费结构升级的现状及其原因，并分析其对经济增长和社会福利的影响。四是二孩生育率超过一孩生育率，分析二孩生育率超过一孩生育率的趋势及其影响因素，并比较二孩家庭与一孩家庭在消费水平和消费结构上的差异。五是亚洲低生育率国家的经验与教训，分析了日本的少子化政策效果和最低生育率国家韩国的经验教训。

## 一、低出生率成为世界难题

我们都知道，生育率的降低会导致市场需求减少，市场规模缩小，从而影响经济增长。目前，很多国家都面临着低生育率的问题，但在全球范围内，也有一些国家和地区的生育率非常高。我们可以通过世界人口和生育率的变化来了解全球人口的现状。其中《世界各国总和生育率排名情况》内容较多，请见本书附录1。

## （一）全球人口的现状与变化趋势

自 20 世纪以来，世界人口快速增长。据图 1-1 中联合国人口数据资料，1900 年世界人口数量为 16.5 亿，1950 年为 25.2 亿，1975 年为 40 亿，1990 年为 50 亿，2000 年为 60 亿，2020 年达到 78 亿。与 1900 年相比，120 年间世界人口增加了近四倍。从图 1-1 中可以清楚地看出，20 世纪后半期以来的人口增长，在世界人口史上处于迅速增长阶段。

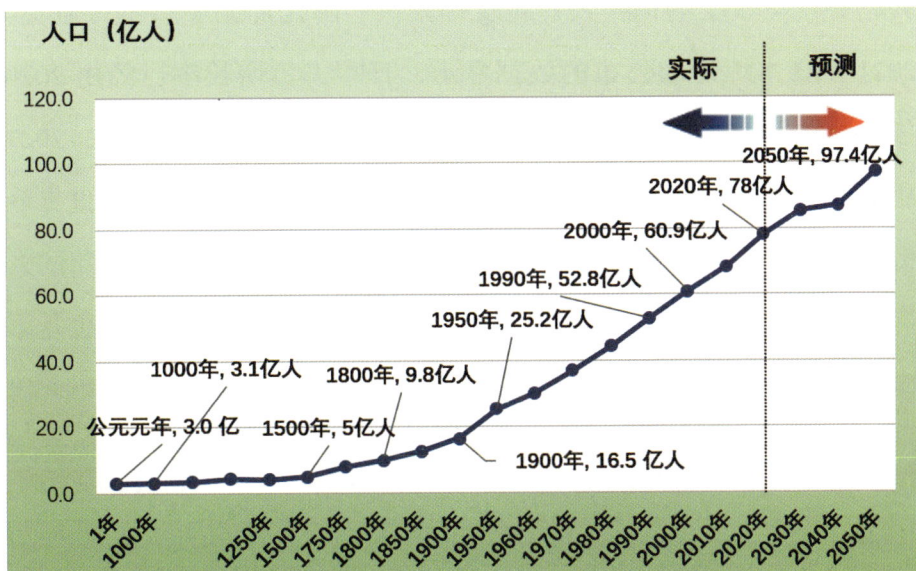

数据来源：联合国数据[①]

图1-1　世界人口总数变化趋势

---

① 资料来源：使用联合国人口基金会发布的相关报告，如：《世界人口展望2004年（修订版）》《2020年世界人口状况报告》《2021年世界人口状况报告》等。

　　根据图 1-1 的联合国数据，世界人口将继续增长，2020 年达到 78 亿人，并预计 2050 年将达到 97.4 亿，比今天增加约 20 亿。然而，从未来人口增长率来看，全球范围内呈现下降趋势，按照人口增长率排序，最高的是非洲，其次是亚洲、拉丁美洲和大洋洲。与此同时，整个欧洲的人口将减少。

　　截至 2021 年人口数量最多的国家排名为：中国（14.21 亿）、印度（13.93 亿）、美国（3.32 亿）、印尼（2.76 亿）、巴西（2.25 亿）、尼日利亚（2.11 亿）、孟加拉国（1.66 亿）、俄罗斯（1.43 亿）、墨西哥（1.3 亿）和日本（1.26 亿）。如果像韩国、日本等国家的人口发展趋势没有改变的话，人口减少、人口老龄化加剧等将不可避免。2021 年日本统计局公布的数据显示，日本人口增长率已经由 2020 年的 -0.30% 进一步下降至 -0.50%。韩国统计厅的数据显示，2021 年韩国的总和生育率为 0.81，比上一年下降了 3.4%，创下了世界最低生育率的纪录，人口自然增长率仅为 -1.1‰。而中国 2021 年的人口出生率也下跌至 7.18‰[①]，创下了 1950 年以来的历史新低，也是第二年低于 10‰（即 1%）的水平。

---

① 数据来源于国家统计局。

|  | 1990 | 2022 | 2050 |
|---|---|---|---|
| 1 | 中国(1,144) | 中国(1,426) | 印度(1,668) |
| 2 | 印度(861) | 印度(1,412) | 中国(1,317) |
| 3 | 美利坚合众国(246) | 美利坚合众国(337) | 美利坚合众国(375) |
| 4 | 印度尼西亚(181) | 印度尼西亚(275) | 尼日利亚(375) |
| 5 | 巴西(149) | 巴基斯坦(234) | 巴基斯坦(366) |
| 6 | 俄罗斯联邦(148) | 尼日利亚(216) | 印度尼西亚(317) |
| 7 | 日本(123) | 巴西(215) | 巴西(231) |
| 8 | 巴基斯坦(114) | 孟加拉国(170) | 刚果民主共和国(215) |
| 9 | 孟加拉国(106) | 俄罗斯联邦(145) | 埃塞俄比亚(213) |
| 10 | 尼日利亚(94) | 墨西哥(127) | 孟加拉国(204) |
| 11 | 墨西哥(81) | 日本(124) | |
| 12 | | 埃塞俄比亚(122) | 墨西哥(144) |
| 13 | | | 俄罗斯联邦(133) |
| 14 | | | |
| 15 | | | |
| 16 | | 刚果民主共和国(97) | |

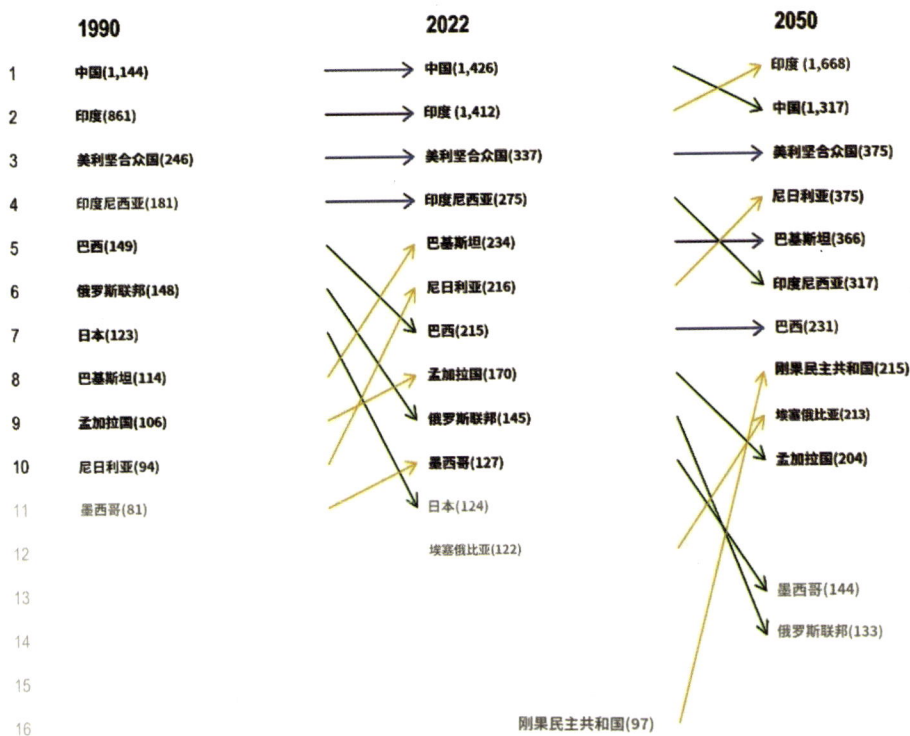

图1-2　1990、2022、2050年全球前十个人口大国对比图

注：括号内的数字是指总人口，单位为百万人，2022—2050年数字基于中等情景推测[①]

数据来源：联合国《2022世界人口展望》报告

　　从图1-2中我们可以清晰地看出，20世纪90年代的全球前十大人口大国排名已经有了很大变化，巴西由第五名跌落至第七名，俄罗斯由第六名跌落至第九名，取而代之的分别是巴基斯坦和尼日

---

　　① 该图仅描述了1990年、2022年或2050年人口最多的十个国家。蓝色箭头表示一个国家的排名保持不变，黄色箭头表示一个国家的排名上升，绿色箭头表示一个国家的排名下降。排名最高的10个国家以黑色显示。其他国家以灰色显示。

利亚，而日本的人口总数三十年来变化不大，排名已经从第七名跌出了前十名排行榜。

而值得注意的是，虽然目前中国人口（14.26亿）多于印度人口（14.12亿），但由于近十年来，印度人口平均增长率差不多是中国的两倍多[①]，联合国人口基金会在2022年世界人口状况报告预估，印度人口将在2023年年中超过中国达到14.286亿，成为世界第一人口大国。在今后三十年内，全球九大人口增长大国将占据全球一半以上的新增人口。按照人口增长速度排列的顺序是：尼日利亚、印度、巴基斯坦、刚果民主共和国、埃塞俄比亚、坦桑尼亚联合共和国、印度尼西亚、埃及和美国。联合国预测2050年世界人口比例为亚洲54.1%（60.4%）、非洲25.3%（14.0%）、拉丁美洲8.4%（8.7%）、欧洲7.0%（11.3%）。人口最多的国家是印度（16.70亿），其次是中国（13.13亿）、尼日利亚（3.77亿）、美国（3.75亿）、巴基斯坦（3.68亿）、印度尼西亚（3.17亿）[②]。这种人口变化趋势，反映了不同地区在经济社会发展、文化传统、生育政策等方面的差异。

从世界及各大洲平均总和生育率来看，1950—1955年的平均生育率为5.02，但随后进入下降趋势，1975—1980年平均生育率低于4，1995—2000年平均生育率降至3以下。2000—2005年平均为2.65，发达地区为1.56，发展中地区为2.90。根据联合国的估计，2045—2050年全球平均为2.05，其中发达地区为1.84，发展中区域为2.07。

① 联合国人口基金(UNFPA)发布的《2018年世界人口状况报告》显示，2010—2019年，印度人口年增长率为1.2%，略高于同期1.1%的全球平均水平，比中国0.5%的年增长率高出一倍多。

② 数据来源于联合国《2022年世界人口展望（修订版）》报告。

按区域划分，非洲的总和生育率（2000—2005 年平均值）最高，为 4.97，远远高于其他地区。其次是拉丁美洲（2.55）、亚洲（2.47）和大洋洲（2.32）。欧洲低至 1.40，北美为 1.99。

从国家和地区来看，平均生育率尼日尔（7.91）最高，其次是东帝汶（7.79）、阿富汗（7.48）、几内亚比绍（7.10）和乌干达（7.10）。另一方面，最低的是乌克兰（1.12）、捷克共和国（1.17）、斯洛伐克（1.20）和斯洛文尼亚（1.22）。

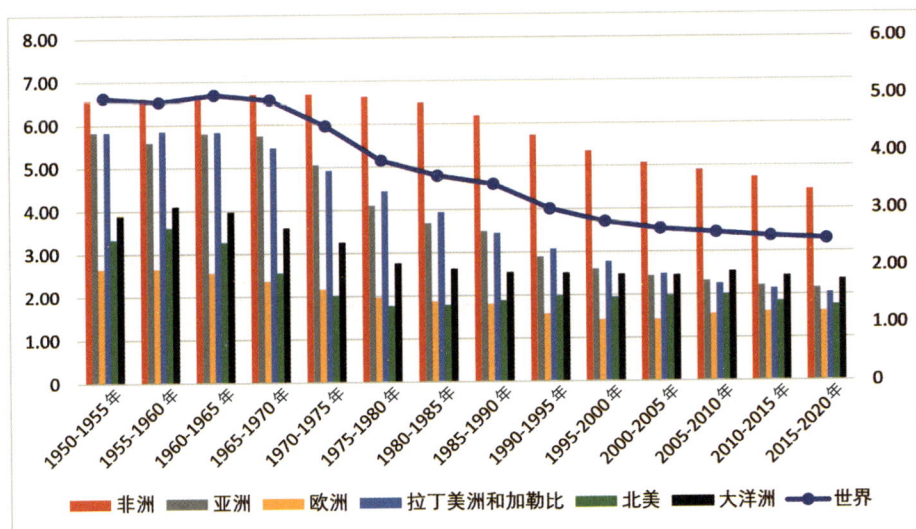

数据来源：联合国数据[①]

图1-3　世界及各大洲平均总和生育率

## （二）高出生率国家特点及未来预测

目前，生育率排名中名列前茅的主要是非洲国家，特别是非洲撒哈拉以南的国家，这些国家的人口增长速度远高于其他地区。据联合国预测，撒哈拉以南非洲地区的人口在 2019—2050 年间有望翻

---

① 数据来自联合国经济和社会事务部 1950—2020 估计值。

番，达到 21 亿。其他地方的人口增长速度却有很大的差异：北非和西亚为 46%，中亚和南亚为 25%，拉丁美洲和加勒比海地区为 18%，东亚和东南亚 2%，欧洲和北美地区仅为 2%。

这些高出生率国家的共同特点是教育水平低、医疗保障差、儿童死亡率高、国民家庭贫困等。虽然许多年轻妇女怀孕和分娩，但许多儿童在很小的时候就去世了。因此，人们为了保证劳动力能够支撑家庭生活，而尽量多生小孩。这种传统观念也影响了人们对于生育的选择。但是，随着经济社会发展和文化变革，高出生率可能不会持续下去。当经济发展到一定程度后，人们会得到充分的教育，在年幼时死去的孩子也会越来越少。如果女性更加注重其在经济活动中的角色，而非"生儿育女"，那么生育率就会逐步降低。

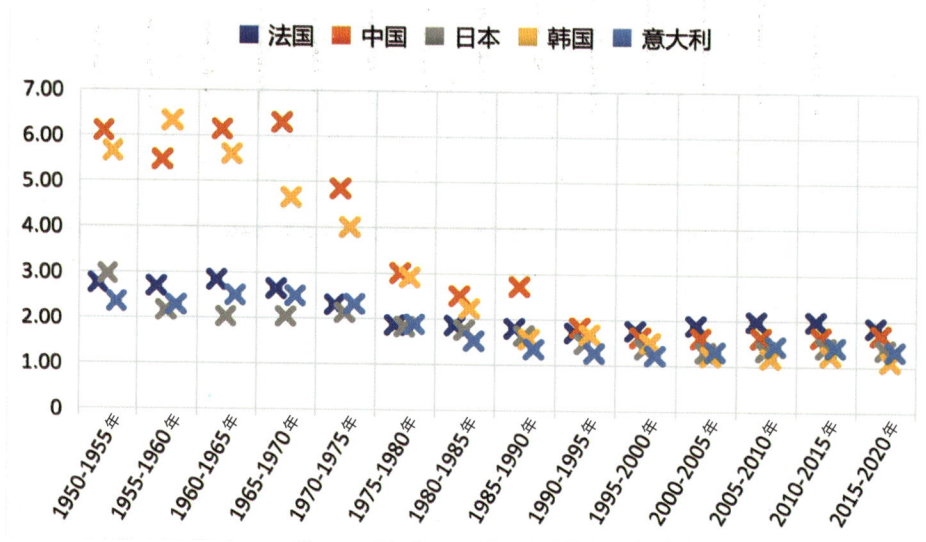

数据来源：联合国[①]

图1-4  主要国家总和生育率变化（1950—2020）

---

① 数据来自联合国经济和社会事务部 1950—2020 估计值。

### （三）低出生率国家特点及未来预测

低出生率国家主要是一些发达国家，如欧洲、北美和东亚等地区的国家。从图1-4中可以看出，韩国的总和生育率从6.3以上下降到1以下，降幅明显。而日本的少子老龄化问题已困扰了其半个世纪，但降幅比较稳定。在这些国家，妇女有更多的生活选择，而不仅仅是生孩子，她们可以追求自己喜欢的职业和生活方式。由于平均初婚年龄的上升和生育间隔的扩大，分娩次数往往减少。低出生率国家面临的主要问题是人口老龄化和劳动力短缺。用更少的年轻人来支撑许多老年人绝非易事。这会给社会保障系统、医疗卫生系统、经济增长等方面带来压力和挑战。因此，许多生育率较低的国家正在采取各种措施提高生育率，如提供生育补贴、扩大育儿假、改善幼儿教育等。如果这些努力取得成果，出生率可能会上升。从图1-4中有意思地看到，法国的出生率从2000年左右开始有所上升，据说是由于法国移民人数众多以及非婚子女比例较高，导致法国出生率有所上升。

表1-1　各国各年龄段人口比率

| 国家 | 年龄（三等份）百分比（%） | | |
|---|---|---|---|
| | 0～14岁 | 15～64岁 | 65岁以上 |
| 世界 | 25.4 | 65.2 | 9.3 |
| 日本 | 11.9 | 59.5 | 28.6 |
| 新加坡 | 12.3 | 74.3 | 13.4 |

续　表

| 国家 | 年龄（三等份）百分比（%） | | |
|------|------|------|------|
| | 0～14 岁 | 15～64 岁 | 65 岁以上 |
| 韩国 | 12.5 | 71.7 | 15.8 |
| 意大利 | 13.0 | 63.7 | 23.3 |
| 德国 | 14.0 | 64.4 | 21.7 |
| 西班牙 | 14.4 | 65.6 | 20.0 |
| 波兰 | 15.2 | 66.0 | 18.7 |
| 加拿大 | 15.8 | 66.1 | 18.1 |
| 瑞典 | 17.6 | 62.0 | 20.3 |
| 法国 | 17.7 | 61.6 | 20.8 |
| 英国 | 17.7 | 63.7 | 18.7 |
| 中国 | 17.7 | 70.3 | 12.0 |
| 俄罗斯 | 18.4 | 66.1 | 15.5 |
| 美国 | 18.4 | 65.0 | 16.6 |
| 阿根廷 | 24.4 | 64.2 | 11.4 |
| 印度 | 26.2 | 67.3 | 6.6 |
| 南非共和国 | 28.8 | 65.7 | 5.5 |

数据来源：根据联合国《2019年世界人口展望》

　　从上面的数据可以看出，世界人口问题呈现出两极分化的态势：一方面是高生育率导致的人口过剩、资源紧张、环境恶化等问题；另一方面是低生育率导致的人口老龄化、劳动力短缺、市场需求减少等问题。

## 二、中国的生育率与人口变化情况

### (一) 人口总量增速下降

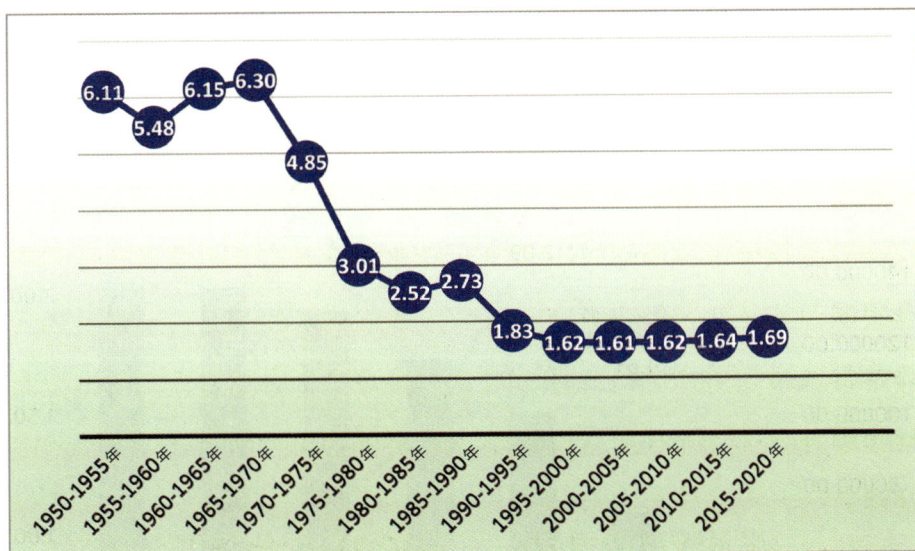

图1-5 中国1950—2020年总和生育率演变

中国是世界上人口最多的国家，但也面临着人口增长放缓甚至负增长的问题。根据图1-5，中国的总和生育率从1950年的6.11下降到2020年的1.3，呈现出断崖式的下跌。这主要是由于计划生育政策的实施，以及经济社会发展和人口结构变化等因素的影响。计划生育政策在一定程度上解决了我国人口高速增长的问题，减轻了人口对资源、环境的负担，并为我国的改革开放和经济的高速发展提供了长期的人口红利。但随着社会经济条件的改善和人们生育观念的转变，计划生育政策也带来了一些负面效应，如生育率过低、性别比失衡、人口老龄化等。2015 年，我国实施了全面二孩政策，以期提高生育率，缓解人口压力。但实际效果并不理想，2015—2020 年平均总和生育率已降至 1.69，并且 2020 年新生人口仅 1 200 万，创下历史新低，中国曾在 70 年代之前，总和生育率为 6 以上的情况频现，而最近的普查数据显示，2020 年，这一数据已经跌至 1.3，中国已进入全球生育率最低的国家行列（如图 1-6 所示）。

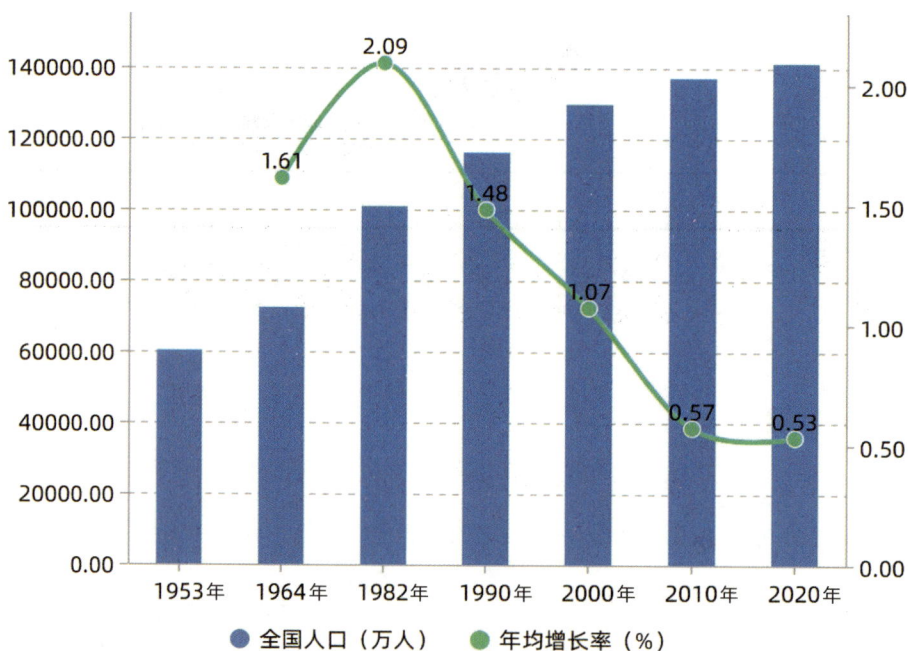

数据来源：国家统计局

图1-6 历次人口普查结果

与前十年相比，我国人口年均复合增长率降低了 0.04%。2020

年全国总人口 14.1 亿，2011—2020 年复合增长率为 0.53%，与
2001—2010 年年均复合增长率 0.57% 相比下降了 0.04%。预计到
2030 年中国人口将达高峰，到 2024 年，中国的人口将会达到峰值
（14.3 亿），此后不久中国的人口将会出现负增长，这说明中国的人
口发展面临着严峻的挑战。

### （二）少子化问题突出

我国出生人口减少速度很快，且新生儿中二孩人口占比超过
40%，人口少子化现象十分严重。"二孩"在 2014—2017 年间出现
了显著增长，2013 年约为 30%，2017 年约为 50%，之后虽然有所回落，
但仍在 40% 以上。2020 年出生人口仅 1 200 万，较 2019 年的 1 465
万人下降了 18%，即少了 265 万人，而二孩的比例依然很高。预期
二孩政策的实施效果将逐渐减弱，如果不出台相应的政策，那么我
国的出生人口将会更少。

### （三）育龄妇女生育意愿低

2011 年，我国的适龄生育女性人口已达 3 亿 8 千万，此后逐渐
减少。2020 年，全国有 3.4 亿名育龄女性。然而，女性的总体生育
率已经降到了 1.3，这表明了女性的生育意愿正在急剧下降。从理论
上讲，为了确保与前一代相比，一对夫妻只能生育两个子女。但因
为种种原因部分儿童会夭折，再加上性别比失衡，所以，为了保持
人口的世代交替，整体生育率必须在 2.0 以上。目前，我国的总体
生育率与美国、日本、德国等发达国家相比，存在着严重的人口短

缺问题。

## （四）老龄化程度加深、进程加快

我国老年人口数量庞大，老龄化程度显著提高。在我国，60 岁及以上人口 2.6 亿，占总人口的 18.7%，65 岁及以上人口 1.9 亿，占总人口的 13.5%。2010 年至 2020 年，60 岁及以上人口的比例分别为 5.44% 和 4.63%。与前十年比较，人口老龄化速度增加 2.51% 和 2.72%。当前，我国的人口老龄化水平类似于韩国 2016 年水平、美国 2012 年水平、日本 1994 年水平。当时，韩国、美国、日本的人均 GDP 分别为 29 289 美元、51 611 美元、39 269 美元，而当前中国的人均 GDP 仅 10 217 美元，远低于美日韩当时的水平[①]。也就是说，随着从发达国家开始显现的少子老龄化问题成为世界级难题，作为发展中国家的我们也开始受到老龄化速度过快和人口增长缓慢问题的困扰，人口结构的变化势必会引起家庭消费结构的改变，但是人口结构变化对居民消费的影响还未有定论。

## （五）劳动力绝对规模下降，劳动人口结构变化

我国劳动人口的绝对规模已呈现出一定的下滑趋势。在 15 ~ 64 岁的人群中，劳动人口有 9.7 亿人，比 2010 年下降了 3.08%。由于生育持续保持较低水平和老龄化速度加快，15~64 岁劳动力人口 2010 年的占比为 74.5%，到 2020 年下降到 68.6%。未来，随着我国新生儿出生数量的减少，劳动力市场将会出现更大的滑坡。劳动力

---

① 我国数据来源于 wind 和招商证券，其他国家数据来源于世界银行。

的绝对数量减少，导致了人力资本的优势不断削弱，从而成为制约我国经济发展的主要因素。

同时，我国的劳动力市场也发生了一定程度的改变，这将对我国今后的经济发展产生深远的影响。而在劳动力市场中，Z世代已经进入了真正的劳动力市场，到了2020年，Z世代占据了整个劳动力市场的15%左右，而随着时间的推移，Z世代的人口比重将会越来越高，这将是一支不可忽视的力量。第二，1966至1975年的总人数占总劳动人群的24.3%，是目前的主要劳动人群，正是人们的最大消费年龄。这些群体的消费理念与1966至1975年间的差异，对我国居民的消费构成有很大的冲击。

**（六）中国家庭规模缩小、一人户迅速增加、不婚现象日益严重**

2020年，全国居民户数为2.62人/户，比2010年的3.1人/户有了显著的降低。我国"一人户"和"两人户"比例持续增加，"一人户"比例较十年前上升8.4%，"两人户"占比相较十年前上升4.6%，而传统家庭结构代表"三人户""四人户"占比较十年前分别下滑7.1%、3.6%。这种人口特征对我国今后的消费结构也有很大的影响。

从"一人户"和"两人户"的构成来看，"一人户"成人家庭接近60%，老年家庭占34%，"两人户"中老年人家庭竟占到了近50%，成年人家庭占30%。因此，在家庭结构的小型化背景下，单身成人和老年夫妇的比例有所提高。这可能与城市化进程的加快和人口的迁移，以及婚恋观念改变等因素有关。

## 三、中国消费需求不足与消费结构升级并存

中国作为世界第二大经济体，早在 2010 年以 GDP 总量 5.88 万亿美元，超过日本的 5.47 万亿美元，位居全球第二，而这一数字在 2005 年只有 2.3 万亿美元，仅仅是日本的一半。但是从宏观来看，相比于经济的高速增长，中国居民的消费需求增长缓慢，已经逐渐成为制约我国经济可持续发展的重要问题之一。中国居民消费在 GDP 中的占比和最终消费率均低于世界平均水平。虽然世界金融危机后，中国政府越来越重视提高消费、扩大内需的政策作用，并在 2015 年提出了"双驱动"发展理念，即战略性地提出了"供给侧结构性改革"和"需求侧拉动"的双驱动增长思路。从 2016 年看，居民消费出现回升，但当年的水平仍低于世界主要国家水平（依绍华，2019）。从 70 年代开始，美国、日本、欧洲等发达国家或地区先后实现人均 GDP 在 3 000 ~ 5 000 美元之间的飞跃，我国于 2008 年实现人均 GDP 突破 3 000 美元，达到 3 266 美元。当年居民最终消费率为 50%。仅仅十年之后，中国于 2019 又实现了人均 GDP 突破 10 000 美元的跨越，达到 10 262 美元[①]，当年居民最终消费率为 55.8%[②]，虽然最终消费率有所增长，但从表 1-2 的世界主要发达国家重要时点的最终消费率对比中不难看出，中国消费率明显低于主要发达国家的整体水平。

---

[①] 数据来源于世界银行数据库，与中国国家统计局公布的 10 276 美元稍有差别。由于下表数据来自世界银行数据库，所以在此引用世界银行数据库数据作为比较基准。

[②] 此数据来源于国家统计局。

表 1-2 主要发达国家人均 GDP 在 3 000 美元和 10 000 美元时点
的最终消费率

（单位：%）

| 国家 | 人均 GDP 达到 3 000 美元 | | 人均 GDP 达到 10 000 美元 | |
|---|---|---|---|---|
| | 年份 | 最终消费率 | 年份 | 最终消费率 |
| 美国 | 1962 | 78.6 | 1978 | 78.7 |
| 日本 | 1973 | 61.9 | 1984 | 69.1 |
| 德国 | 1971 | 74.8 | 1979 | 80.2 |
| 法国 | 1971 | 73.7 | 1979 | 76.5 |
| 英国 | 1973 | 79.8 | 1986 | 82.7 |
| 中国 | 2008 | 50 | 2019 | 55.8 |

数据来源：世界银行数据库[①]

消费结构是衡量居民生活质量的重要指标，中国居民的消费趋势特点是：在生存型消费比重有所下降的同时，教育、娱乐、医疗等发展和享乐性消费的比重在持续增长。从图 1-7 中的恩格尔系数的变动情况来看，我国居民消费结构的优化和升级也是显而易见的。

---

① 数据来源：世界银行数据库数据整理得出，部分数据参考赵萍（2010）的《从全球视角看我国消费率走势》一文中的数据。

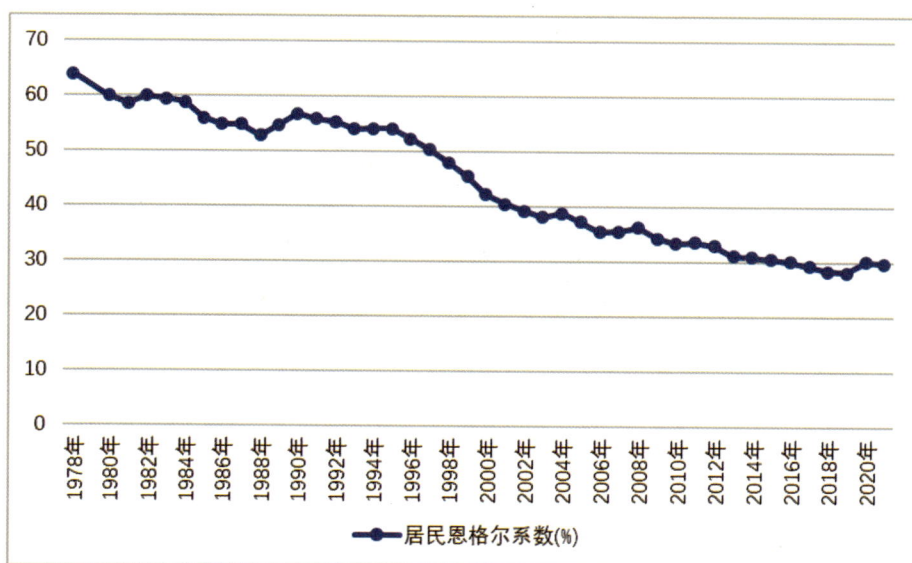

数据来源：国家统计局[①]

图1-7　1978—2021年中国恩格尔系数年统计情况表

综上，中国居民对消费结构升级的需求是旺盛的，但是还受到一些制约因素的影响。"消费结构升级"是中国经济社会高质量发展的重要支撑。满足人们需求从物质到精神、从实物到服务、从生存型向发展、享乐型的升级，是居民生活质量提升的重要体现。目前，中国正处于消费需求不足与消费结构升级并存的局面。

## 四、二孩生育率超过一孩生育率

2015 年"二孩生育政策"出台后，生育率短暂上升又下降，但

---

[①] 数据来源于国家统计局网站：http://data.stats.gov.cn/ks.htm?cn=C01，其中城镇居民恩格尔系数缺少 1979 年数据。

二孩生育率超过一孩生育率。根据国家统计局发布的数据①，2016年人口出生数达 1 786 万人，人口出生率为 13.57‰，较 2015 年 11.99‰明显提高，之后新生人口出现下降，截至 2020 年，人口出生率仅为 8.52‰，为 1949 年以来的历史最低值。

"二孩生育政策"实施后，一方面，全面"二孩生育政策"实施之后，生育率在短暂的上升后下降到历史最低，很多人质疑"二孩生育政策"的有效性；另一方面，我们从二孩占比发现，随着政策的放开，二孩生育率从 2017 年开始超过一孩生育率，并且每年持续递增。

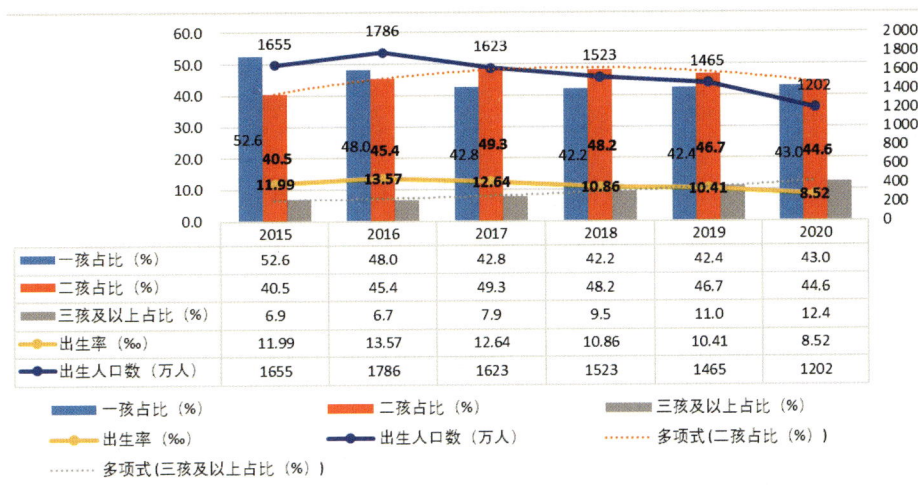

| | 2015 | 2016 | 2017 | 2018 | 2019 | 2020 |
|---|---|---|---|---|---|---|
| 一孩占比（%） | 52.6 | 48.0 | 42.8 | 42.2 | 42.4 | 43.0 |
| 二孩占比（%） | 40.5 | 45.4 | 49.3 | 48.2 | 46.7 | 44.6 |
| 三孩及以上占比（%） | 6.9 | 6.7 | 7.9 | 9.5 | 11.0 | 12.4 |
| 出生率（‰） | 11.99 | 13.57 | 12.64 | 10.86 | 10.41 | 8.52 |
| 出生人口数（万人） | 1655 | 1786 | 1623 | 1523 | 1465 | 1202 |

图1-8 2015—2020年人口出生情况及孩次构成情况②

"二孩生育政策"是我国重要的人口政策，家庭人口结构的变化

---

① 数据来源于国家统计局网站：https://data.stats.gov.cn.

② 孩次构成采用国家卫健委互联互通出生人口数据，但由于缺失卫健委2020年出生率数据，在此采用国家统计局生育率数据，两者偏差较小，趋于一致。

势必会引起家庭消费结构的变化。改革开放以来，生育政策的改变和人口的流动变迁，使中国人口结构发生了很多改变，家庭内部表现为家庭规模和家庭成员结构发生了很大改变。对于整个社会而言，生育率变化将对居民消费产生直接影响，同时对每个家庭来说，其消费水平、消费结构、消费方式及各项消费决策等均与家庭结构变迁有着紧密的联系，其中家庭因素对消费产生了显著的影响（晁钢令和万广圣，2016）。

2021年5月31日三孩政策全面放开的消息一传出，"生得起，养不起"的言论就铺天盖地涌现。这与中国现实中育儿观念转变、育儿成本继续攀升、教育竞争进一步加剧，给家庭带来巨大负担等因素息息相关，再加上考虑住房与房价等经济因素，以及权衡育儿精力与个人闲暇等非经济因素，使得三孩政策一出台就站在了风口浪尖上。但从宏观数据来看，政策实施前三孩及以上孩次占比已经呈现缓慢上升趋势，可以预测2021年之后的数据会进一步增加。

## 五、亚洲低生育率国家的经验教训

在过去的几十年里，许多后工业化国家和新兴工业化国家都出现了低出生率问题。尤其是东亚地区的中日韩三国，已经成为世界上人类生育率最低的地区。根据OECD（Organization for Economic Co-operation and Development，经济合作与发展组织）数据，2021年韩国、日本和中国大陆的总和生育率分别为1.09、1.36和1.3，排名倒数第一、第四和第六。低生育率问题在日韩两国已经持续相当长时间，甚至达到了超低生育率水平（总和生育率不足 1.3 ）。中国大陆地区的低生育率和老龄化问题也日益加剧。

中日韩三国有许多共同之处，受到儒家文化的影响，长期形成了浓厚的宗族主义和父权观念。家庭内男女分工依然存在，经济社会现代化发展与传统家庭习俗之间产生了冲突，使得女性在家庭和工作中承受沉重的压力。此外，缺乏育儿机构和设施、妇女在职场怀孕后面临辞职或晋升受阻的挑战、大城市房价高等问题也导致结婚和生育被推迟。

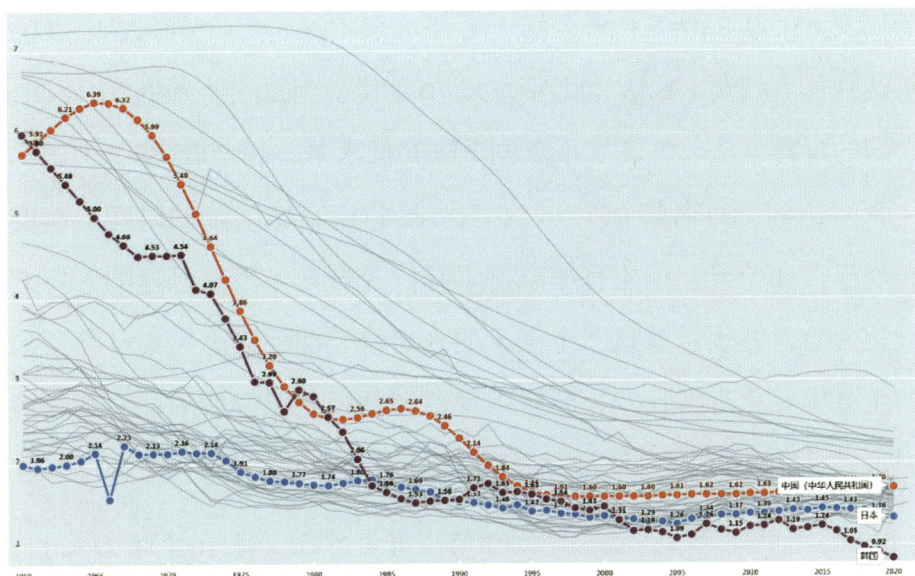

数据来源：OECD数据[①]

图1-9 1960—2020年中日韩三国总和生育率趋势对比

东亚的三个国家日本、韩国和中国现在已经汇聚在一起，形成

---

① 数据来自：OECD(2022),Young population(indicator).Doi:10.1787/3d774f19-en(Accessedon26th July，2022)。

了一个世界上人类生育率最低的地区。我们从图 1-9 可以看出三个东亚国家（日本、韩国和中国）的生育率下降趋势，与同样经历生育率下降至低于更替水平的西方国家相比，中日韩三国生育率下降的速度和幅度最为显著。三国中最先出现生育率走低的是日本，于战后不久便开始迅速下降，生育率在 10 年内从 1947 年的每名妇女4.5 个孩子减半到 1957 年的 2.1 个，日本的生育率在 1970 年代中期开始下降到低于更替水平，在 2000 年初达到每名妇女生育 1.3 个孩子。在 20 世纪 60 年代初至 80 年代中期，韩国的生育率从非常高（每名妇女 6.0 人）持续下降至低于更替水平（每名妇女 1.6 人），2005年达到每名妇女 1.1 人。同样，在从 70 年代初到 80 年代初的 10 年间，中国的生育率从非常高水平急剧下降到低水平，到 2005 年，中国的生育率达到了每名妇女 1.5 人左右。尽管生育率下降的时间、速度和规模存在差异，但生育率急剧下降已经导致了极其迅速的人口老龄化现象，并预示着这三个国家的人口将长期下降。对中日韩三国的生育率变化进行比较，分析生育率和婚姻变化背后的社会和经济因素对寻求可能导致其异同的经济、社会和文化因素可能有所裨益。

表 1-3　中日韩三国按年龄划分的生育率对比（每 1000 名妇女）

| 国家和年份 | 15～19岁 | 20～24岁 | 25～29岁 | 30～34岁 | 35～39岁 | 40～44岁 | 45～49岁 | TFR |
|---|---|---|---|---|---|---|---|---|
| 日本 | | | | | | | | |
| 1947 | 15 | 168 | 270 | 235 | 157 | 57 | 6 | 4.54 |
| 1950 | 13 | 161 | 236 | 174 | 104 | 36 | 2 | 3.66 |

续 表

| 国家和年份 | 15 ~ 19岁 | 20 ~ 24岁 | 25 ~ 29岁 | 30 ~ 34岁 | 35 ~ 39岁 | 40 ~ 44岁 | 45 ~ 49岁 | TFR |
|---|---|---|---|---|---|---|---|---|
| 1955 | 6 | 112 | 181 | 112 | 49 | 13 | 1 | 2.37 |
| 1960 | 4 | 106 | 181 | 80 | 24 | 5 | 0 | 2.00 |
| 1965 | 3 | 112 | 203 | 86 | 19 | 3 | 0 | 2.14 |
| 1970 | 4 | 96 | 208 | 85 | 20 | 3 | 0 | 2.03 |
| 1975 | 4 | 106 | 188 | 69 | 15 | 2 | 0 | 1.91 |
| 1980 | 4 | 77 | 182 | 73 | 13 | 2 | 0 | 1.75 |
| 1985 | 4 | 62 | 178 | 85 | 18 | 2 | 0 | 1.76 |
| 1990 | 4 | 45 | 140 | 93 | 21 | 2 | 0 | 1.54 |
| 1995 | 4 | 40 | 116 | 95 | 26 | 3 | 0 | 1.42 |
| 2000 | 6 | 40 | 100 | 94 | 32 | 4 | 0 | 1.36 |
| 2005 | 5 | 37 | 85 | 86 | 36 | 5 | 0 | 1.26 |
| 2010 | 5 | 36 | 87 | 95 | 46 | 8 | 0 | 1.39 |
| 2015 | 4 | 29 | 85 | 103 | 56 | 11 | 0 | 1.45 |
| 韩国 | | | | | | | | |
| 1955 | 39 | 240 | 288 | 245 | 184 | 82 | 14 | 5.46 |
| 1960 | 35 | 249 | 323 | 273 | 204 | 96 | 16 | 5.98 |
| 1966 | 22 | 213 | 310 | 219 | 136 | 59 | 9 | 4.95 |
| 1970 | 19 | 193 | 320 | 205 | 106 | 46 | 13 | 4.53 |
| 1975 | 14 | 178 | 263 | 146 | 58 | 21 | 5 | 3.47 |
| 1980 | 13 | 141 | 244 | 107 | 31 | 9 | 2 | 2.83 |

续　表

| 国家和年份 | 15～19岁 | 20～24岁 | 25～29岁 | 30～34岁 | 35～39岁 | 40～44岁 | 45～49岁 | TFR |
|---|---|---|---|---|---|---|---|---|
| 1985 | 10 | 119 | 159 | 41 | 9 | 2 | 1 | 1.67 |
| 1990 | 4 | 83 | 169 | 51 | 10 | 2 | 0 | 1.59 |
| 1995 | 4 | 63 | 177 | 70 | 15 | 2 | o | 1.65 |
| 2000 | 3 | 39 | 151 | 84 | 17 | 3 | 0 | 1.47 |
| 2005 | 2 | 18 | 92 | 82 | 19 | 2 | 0 | 1.08 |
| 2010 | 2 | 17 | 80 | 112 | 33 | 4 | 0 | 1.23 |
| 2015 | 1 | 13 | 63 | 117 | 48 | 6 | 0 | 1.24 |
| 中国 | | | | | | | | |
| 1965 | 53 | 284 | 309 | 257 | 194 | 96 | 12 | 6.02 |
| 1970 | 39 | 278 | 308 | 252 | 179 | 83 | 10 | 5.75 |
| 1975 | 25 | 189 | 242 | 154 | 94 | 47 | 9 | 3.79 |
| 1980 | 12 | 162 | 212 | 92 | 41 | 17 | 4 | 2.69 |
| 1985 | 26 | 185 | 161 | 61 | 22 | 9 | 2 | 2.33 |
| 1990 | 24 | 198 | 163 | 65 | 25 | 6 | 2 | 2.41 |
| 1995 | 15 | 139 | 99 | 35 | 10 | 3 | 1 | 1.51 |
| 2000 | 6 | 113 | 88 | 28 | 6 | 2 | 1 | 1.22 |
| 2005 | 8 | 113 | 92 | 41 | 11 | 2 | 1 | 1.34 |
| 2010 | 5 | 71 | 84 | 46 | 19 | 7 | 5 | 1.19 |
| 2016 | 8 | 61 | 88 | 52 | 25 | 9 | 6 | 1.25 |

数据来源：Tsuya,N.O.,Choe,M.K.,&Wang,F.（2019）[1]

---

[1]　对比数据中，日本为1947—2015年数据，韩国为1955—2015年数据，中国为1965—2016年数据。

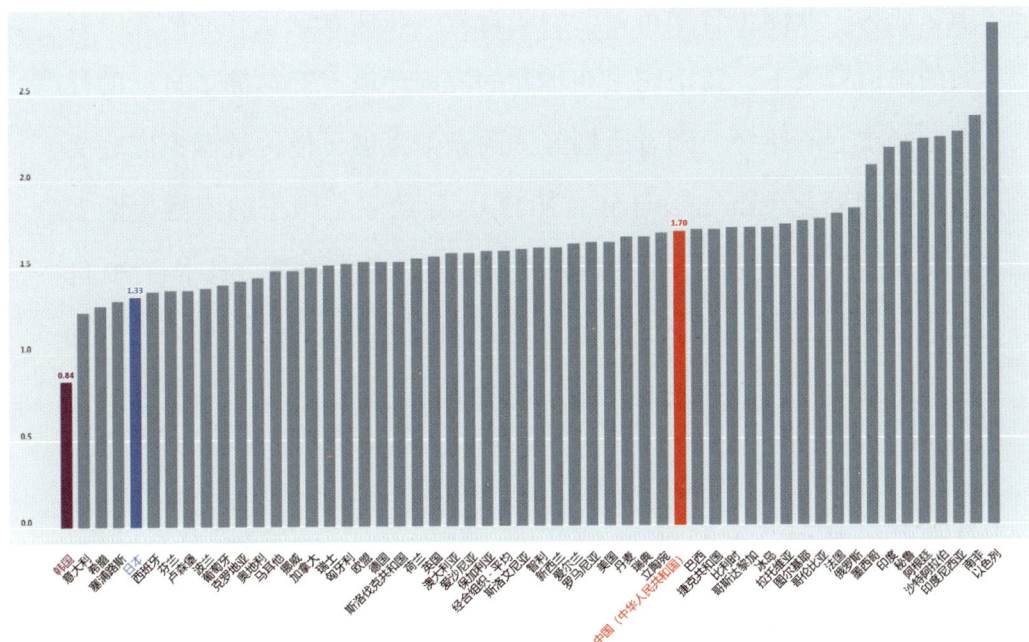

数据来源：OECD数据

图1-10　2021年OECD国家总和生育率排名

从上面的分析可以看出，中日韩三个东亚国家的生育率下降的幅度都很大，在图1-10中，很明显日韩已经是OECD排名靠后的几位，尤其是韩国自2000年后超越了日本，成为三国中生育率最低的国家，也是OECD中生育率最低的国家。我们研究中日韩三个东亚国家会发现：极低的生育率都是在其社会和经济发展的不同阶段展开的。尽管时间线和历史背景差异很大，但日本、韩国和中国都经历了极快的经济增长和产业结构的剧烈转变，都是国家经济增长、人民生活水平提高和产业结构转型方面的成功案例，而这些快速的经济增长和结构转型都同样伴随着生育率的快速下降，使这些国家成为"亚洲生育率革命"的先行者，在儒家文化和战后经济繁荣的类似背景下，每个国家在不同的政策环境下都遵循了自己的社会和经济变革路径。随着市场经济的繁荣发展，使传统儒家家庭文化价值观弱化（Raymo，J.M.，2022），导致三个国家的家庭生活多方面发生了深刻变化，包括婚姻、家庭生活和生育等。日本自20世纪70年代，已率先进入老龄化社会（如图1-11所示），如今作为发展中国家的我们也进入老龄化，很多城市甚至已经步入深度老龄化阶段。

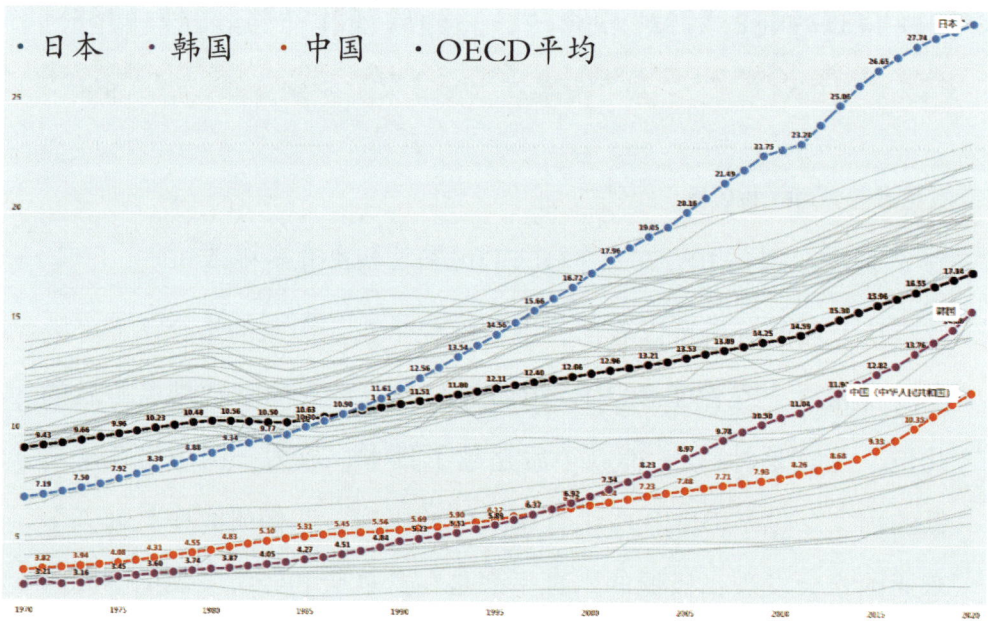

数据来源：OECD数据

图1-11 中日韩老年人口占比对比（1970—2020年）%

应该注意到，亚洲各国和区域的政府并没有袖手旁观，他们非常关注长期的低出生率，并且不断地出台或更新各种政策和措施来解决这个问题，尤其是日本从 20 世纪 90 年代就意识到低生育率可能产生的问题，开始采取措施。

## （一）日本少子化对策

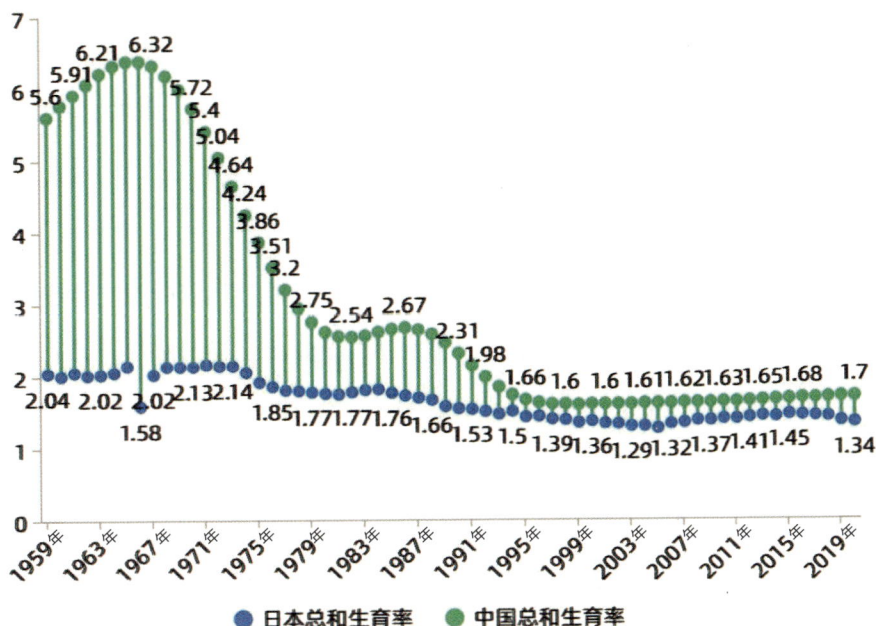

数据来源：快易数据[①]

图1-12　中日总和生育率对比趋势图

我们从图 1-12 中可以清楚地看到，日本的总和生育率相比中国，一直不高。其战后维持在 2.0 以上，从 20 世纪 70 年代就下降到 2.0 以下，并持续走低。而 20 世纪 60 年代正是中国生育率持续 6.0 左右高位的年代，随后从 20 世纪 70 年代开始迅速下降。从两国总和生育率差值就能清晰地看出，近二十年来差值越来越小。但日本在

---

① 数据来源：快易数据 http://www.kylc.com/stats.

达到 1.29 低值后又有所上升，虽然幅度不大。

自 20 世纪 70 年代以来生育率从更替水平降至 2006 年 1.26，虽然在最近几年有所增加，但是仍然低于 1.5。日本年轻人的结婚率下滑是导致生育率下滑的主要原因，1975—2010 年间，30 ~ 34 岁的单身妇女从 8% 增至 35%，35 ~ 39 岁的单身妇女从 5% 增至 23%。虽然日本妇女在教育、事业等领域都有所发展，但是男性角色特别是家庭角色尚未得到重新界定。婚后，妇女担负起了家里绝大部分家务，同时还担负着养育子女、照料长辈的重任。

TsuyaN.O.（2015）将日本妇女的长期未婚或晚婚现象归咎于日本妇女在良好教育和工作机会增长的同时，在家庭中仍保留有很大的两性不平等，日本妇女一结婚，就要照顾男方，而男人却从接受妈妈照顾转变为妻子照顾。此外，日本高度紧张的母性工作以及竞争激烈的教育体制，也使妈妈们倍感压力。日本以外的其他亚洲国家也有不同程度的类似情况。

日本人口下降速度的放缓，很可能与日本政府一直以"儿童为本"的政策有关，我们在附录 2 中总结了日本政府在这期间做的努力，限于篇幅原因，以下是重要措施摘录。

表 1-4　日本少子化对策措施（部分重要摘录）

| 时间 | 政策名称 | 政策有效时间 |
|---|---|---|
| 1994 年 12 月 | 天使计划 | 1995—1999 年 |
| 1999 年 12 月 | 新天使计划 | 2000—2004 年 |
| 2003 年 7 月 | 支持下一代发展措施办法 | 自 2003 年 7 月起 |

续　表

| 时间 | 政策名称 | 政策有效时间 |
|---|---|---|
| 2003 年 9 月 | 少子化社会的对策纲要 | 2004 年 6 月—2010 年 1 月 |
| 2004 年 12 月 | 儿童和儿童保育支持计划 | 2005—2009 年度 |
| 2006 年 6 月 | 关于新的低生育率措施 | 2006 年 6 月—2007 年 |
| 2007 年 12 月 | 日本支持儿童和家庭的优先战略 | 自 2007 年 12 月起 |
| 2010 年 1 月 | 制定新的总体纲要（儿童和父母的愿景） | 2010 年 1 月—2015 年 3 月 |
| 2010 年 1 月 | 新儿童和育儿支援制度全面实施前的进展 | 自 2010 年 1 月起— |
| 2013 年 4 月 | 消除托儿候补名单的努力 | 自 2013 年 4 月起 |
| 2013 年 6 月 | 克服生育危机的紧急措施 | 自 2013 年 6 月起 |
| 2014 年 1 月 | "选择未来"委员会 | 2014 年 1 月—11 月 |
| 2014 年 7 月 | 制定课后儿童综合计划 | 2014 年 7 月—2019 年 3 月 |
| 2014 年 9 月 | 地方发展举措 | 自 2014 年 9 月起 |
| 2015 年 3 月 | 制定新的总纲要（第三纲要） | 2015 年 3 月—2020 年 5 月 |
| 2015 年 4 月 | 新儿童育儿支援制度的实施 | 自 2015 年 4 月起 |
| 2015 年 4 月 | 设立儿童育儿本部 | 自 2015 年 4 月起 |
| 2016 年 4 月 | 儿童育儿支援法的修订 | 自 2016 年 4 月起 |
| 2016 年 6 月 | 制定"日本一亿"成功计划 | 自 2016 年 6 月起 |
| 2017 年 3 月 | 制定工作条件改革行动计划 | 自 2017 年 3 月起 |
| 2017 年 6 月 | "安心育儿计划"公布 | 2017 年 6 月—2021 年 3 月 |
| 2017 年 12 月 | 制定"新一揽子经济政策" | 自 2017 年 12 月起 |

续　表

| 时间 | 政策名称 | 政策有效时间 |
|---|---|---|
| 2018 年 4 月 | 儿童育儿支援法的修订 | 自 2018 年 4 月起 |
| 2018 年 6 月 | 制定人力资源革命基本计划 | 自 2018 年 6 月起 |
| 2018 年 6 月 | 制定相关法律促进工作方式改革的法案 | 自 2018 年 6 月起 |
| 2018 年 9 月 | 制定新的儿童综合课后计划 | 自 2019 年 4 月起 |
| 2019 年 5 月 | 儿童和育儿支持法部分修改法案 | 自 2019 年 5 月起 |
| 2019 年 12 月 | 制定第二期《振兴镇、民、业综合战略》 | 自 2019 年 12 月起 |
| 2020 年 3 月 | "选择未来 2.0"委员会 | 2020 年 3 月—2021 年 6 月 |
| 2020 年 5 月 | 制定和推进新纲要（第四纲要） | 自 2020 年 5 月起 |
| 2020 年 12 月 | 制定《全民社会保障改革政策》 | 自 2020 年 12 月起 |
| 2020 年 12 月 | "新育儿安心计划"公告 | 自 2020 年 12 月起 |
| 2021 年 2 月 | 制定修改部分《儿童育儿支援法》和《儿童津贴法》的法案 | 自 2021 年 5 月起 |
| 2021 年 6 月 | 考虑设立儿童和家庭机构的讨论 | 自 2021 年 6 月起 |

资料来源：日本内阁府①

　　从表 1-4 日本少子化对策措施（部分重要摘录）中可以看出日

---

① 表格内容根据日本内阁府发布的《少子化社会对策白皮书》整理制作完成。

本政府非常重视少子化问题的严重性，自 1994 年便开始针对少子化问题提出了一系列对策和措施。他们认识到人口问题会带来一系列的社会经济发展问题，因此采取了一系列的组合拳来应对。虽然这些密集政策实施后并没有达到总和生育率 1.8 的目标，但总和生育率的下降趋势得到了一定程度的缓解，并且在过去几十年里总体保持相对稳定的水平。这表明一系列组合政策在一定程度上发挥了作用。

日本政府的努力在人口政策方面确实值得借鉴。他们从早期的天使计划和新天使计划开始，后续又推出了儿童和育儿支持计划、工作条件改革行动计划等政策措施，涵盖了多个领域，包括教育、儿童保育和工作环境改善等。这种综合性的政策组合展示了政府在解决少子化问题上的全面努力。

中国可以从日本政府的经验中汲取启示，关注家庭发展、提供儿童保育支持、改善工作条件等都是重要的方面。此外，政府的长期承诺和持续的政策调整也是成功的关键。然而，中国也要根据自身情况制定适合的政策来应对类似的挑战。比如，中国可以加强生育政策宣传、提高生育补贴标准、完善社会保障体系等，以增加人民群众的生育意愿和能力。

总之，日本政府对少子化问题采取的一系列组合政策表明他们对人口问题的重视，并且取得了一定的成果。中国可以借鉴日本的经验，并根据自身情况制定适合的政策来应对类似的挑战。

## （二）亚洲最低生育率国家——韩国的生育率问题分析

### 1. 中韩两国国情与人口结构相似之处

如今的持续低生育率问题是个世界级难题，对整个中华文化圈国家而言，尤其严重。据美国中情局预测 2021 年全球 227 个国家或地区生育率，排名倒数 5 名的都是亚洲的中华文化圈地区或国家。依序为：中国香港（1.22）、中国澳门（1.21）、新加坡（1.15）、韩国（1.09）、中国台湾（1.07）[①]。

中国和韩国作为中华文化圈的两个重要成员，在国情、人口结构和人口政策等方面有很多相似之处。两国人口都经历了战后"婴儿潮"、出生率快速回落时期、低生育率和人口老龄化时期。两国的人口政策调整都是以提升经济为动机而转变的，是从鼓励生育到计划生育，再转向促进生育的政策导向，因为两国在生育率高涨时期都面临经济落后、人口压力与资源限制，在生育率持续低迷阶段都担心因低生育率持续所导致的人口老龄化加剧、劳动年龄人口减少、劳动生产率下降、经济增长放缓、社会保障支出增加、国家财政恶化等问题。

但是，韩国经济发展起步较早，因此低生育和老龄化程度也相应比中国提早和严重。根据韩国统计厅的数据，2017 年韩国 60 岁以上的经济活动人口数量就超过了年轻人，社会老龄化速度比日本

---

①数据来源于美国中央情报局网站：http://www.cia.gov/the-world-factbook/field/total-fertility-rate/country-comparison，中国总和生育率预测为 1.60，排第 185 名。

在此引用 CIA 的预测数据，是为了便于国家间的比较，但与韩国统计厅发表的数据存在少许差异。

还快。这对韩国的经济增长和消费需求造成了不利影响。同时，韩国也面临着老年人贫困、自杀和孤独等社会问题。这些问题反映了韩国社会在发展过程中忽视了人民的幸福感和尊严感，没有充分发挥儒家思想和孝道文化的积极作用。

### 2. 韩国生育率现状

在 20 世纪 60 年代初，韩国的总和生育率一度达到 6.0，人口密度比中国还大，是中国的三倍以上。在这种人口压力下，从 1962 年起韩国开始推行计划生育政策。随着韩国在 20 世纪 60 年代至 80 年代经济的起飞，韩国的生育率迅速下降，在 1983 年总和生育率就跌破 2.1（更替水平）了。于是，韩国于 1996 年放弃了计生政策，推出了"新人口方针"，把人口工作的重心从由重视"控制人口数量"转向了"注重人口质量"上来。但是，在调整了政策之后，韩国的总体出生率不但没有上升，反而下降了。极低的生育率引起了韩国政府的极大忧虑，自 2005 年开始至今已经实行了三轮鼓励生育政策，但仍未能扭转韩国生育率不断下滑的趋势。韩国统计厅报告显示，韩国总和生育率在 2018 年降到 0.977，2019 年降到 0.918，2020 年降至史无前例的 0.840[①]，连续三年低于 1，打破全球最低纪录。韩国已于 2020 年出现"死亡交叉点"，也就是说死亡人口数量已经超过了新生儿人口数量，韩国的人口已进入负增长状态。韩国生育率的持续下降，表明了韩国政府出台的鼓励生育政策的无效性和局限性。

---

① 数据来源：韩国统计厅《2020 年出生统计 ( 确定 )（ 国家批准统计第 10103 号出生统计 )》。总和生育率是表示育龄女性 (15~49 岁 ) 预计一生中生育的平均新生儿数的指标，是各年龄段出生率 (ASFR) 的总和，因此作为衡量生育水平的代表性指标。

单位：10000 人

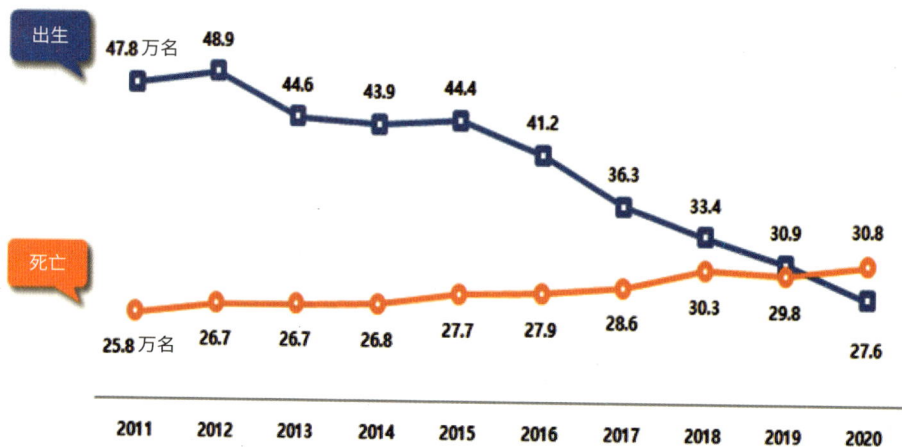

图1-14　2011—2020年每1万人出生（登记）者及死亡（注销）者情况

数据来源：韩国行政安全部①

### 3.韩国低生育率原因分析

韩国年轻人面临高昂的教育成本、房价高企和就业困难，导致他们成为"三抛"一代，即"抛弃恋爱""抛弃结婚"和"抛弃生育"。韩国的低生育率的原因可以归结为多重因素。

（1）高昂的育儿直接成本和机会成本

韩国的教育成本很高，占据了养育子女费用的大部分。同时，韩国女性选择生育的机会成本也很高，超过 40% 的女性表示，他们曾经因为怀孕、生产或者育儿而离职。这使得许多年轻人担心自己是否有能力承担子女的教育费用，导致他们推迟生育或选择不生育。

----

① 死亡(注销)人数从2011年到2018年的8年间持续增加,2019年减少（△4 109名），但 2020 年再次增加（9 269 名）。

随着家庭主义的弱化和个人主义价值观的强化流行，生育子女的必要性也在减弱。高昂的育儿直接成本和机会成本，使得年轻人对生育失去了兴趣和信心。

（2）房价高企

首尔地区的房价在过去四年里上涨了89.7%，首尔市中心的价格是继中国香港之后的第二位，比纽约和伦敦等大城市的价格还要高。即使新冠肺炎疫情冲击也没能阻止韩国房价上涨的脚步，据新浪财经报道，公寓是韩国民众主要投资的居住类型，大概在全部类型房屋中占比60%。然而，自2016年末到2021年末，韩国公寓的均价涨幅已经超过100%。韩国统计局最近公布的一份调查显示，韩国30～39岁的单身人士中，有半数以上的人仍然和他们的父母一起生活，并依赖他们的父母。而有孩子家庭最高支出项目之一就是住房费用，它和教育费用一样非一次性支出，而是需要长期支付，预期的住房费用就成了生育率的一大杀手。

为了缓解住房问题，韩国政府也做出了很多努力，比如在2020年末推出了一项五年计划，以增加年轻人住房供应，向年轻人提供租金低廉的信贷，以激励年轻人脱离他们的家庭，独自居住。

（3）就业困难

在韩国的求职市场上，高学历的竞争者众多，而符合他们要求的职位相对稀缺。有些人宁愿待在家里，也不想干自己不喜欢的工作。另一方面，韩国女性在就业上面临严重的歧视和加班文化，怀孕对女员工而言，往往意味着辞职。由于压力过大，导致了年轻人晚结婚、晚生孩子或选择不生孩子的现象。初婚年龄从 25~29 岁逐渐推迟至 30~34 岁；由于这种晚婚化，初次生育年龄也自然而然地推迟至 30~34 岁，出生率也随之下降。也就是说，随着结婚年龄和生育年龄的上升，多胎女生育的可能性也随之降低。

目前，韩国政府已经采取了包括现金支持、税收支持、假期支持和服务支持等多种鼓励措施，并实行"3+3 育儿假"等激励措施，以激励夫妻共同养育孩子。

除了以上因素，还有其他原因对韩国低生育率产生影响，包括社会观念和价值观的变化，以及家庭支持系统等。这些多重因素共同作用，导致年轻人对生育持谨慎态度。

韩国低生育率、老龄化、自杀率和经济衰退等问题，并没有得到有效解决，对我国经济和人口政策制定有一定警示作用。单纯依靠政策激励是无法提高生育率的，还需要改善社会环境和文化氛围，让年轻人有更多的信心和动力去组建家庭和养育子女。我们要从韩国的经验教训中汲取启示，保持经济增长的步伐，同时重视人口变化带来的消费需求和创新空间。面对老龄社会带来的新经济，我们有巨大的市场潜力和模式创新能力。我们要适应人民需求变化，推进改革开放，发挥社会主义市场经济的活力，在促进高质量发展和提升人民生活品质方面，我们有比其他国家更多的机会。

## 第二节　本书研究问题及研究意义

### 一、本书拟解决的主要问题

（1）面对中国居民消费率持续走低，中国老龄化社会加剧以及出生率降低等问题，"二孩生育政策"是否促进了家庭消费水平和家庭消费结构的提升？

（2）家庭消费结构升级代表了居民家庭生活品质的提升，那么受"二孩生育政策"影响的目标家庭生育二孩后家庭消费水平和消费结构发生了怎样的改变？是消费升级还是降级了？

（3）"二孩生育政策"对家庭消费水平和消费结构影响的作用机制是什么？随着育儿理念的改变和对自我价值实现与闲暇的追求，政策作用的目标家庭在考虑是否生育二孩的决策时需要多方权衡，由于家庭代际经济扶持可能对家庭产生"收入效应"，而家庭代际照顾扶持可能对家庭产生"保障效应"。那么如果家庭中存在"代际扶持"是否会是生育政策对家庭消费影响的传导机制？

（4）生育政策效应是否因为家庭特质不同而存在政策效果异质性？家庭财富差距和家庭成员工作性质差别是否会导致家庭预算约束差异，进而使家庭消费分化？面对教育愈演愈烈的竞争压力，家庭教育支出是否对其他发展享乐型消费产生了挤出效应？

二孩生育率自 2017 年开始超过一孩生育率，"三孩生育政策"已经于 2021 年放开实施。以上这些问题的回答都会对准备和观望生育孩子的家庭，尤其是准备生育二孩家庭的生育决策产生影响。对上述问题的考察更将关系到未来的政策走向及三孩政策配套措施的提出。

## 二、本研究的理论与现实意义

### 1. 理论意义

本书通过研究不同阶段人口生育政策对城镇家庭消费水平和消费结构的影响机理，利用中国的实证数据检验已有消费理论在中国的适用性，从而也为理论界提供和完善独特的样本数据。另外，本书通过进一步机制研究，也希望为人口政策对家庭消费的传导机制研究贡献一份力量；可以为"三孩生育政策"的配套落实以及今后制定其他相关政策提供数据依据；同时也为人口学、社会学、经济学等相关学者相关研究提供了研究素材。

### 2. 现实意义

第一，从宏观层面来看，政治经济学认为，生产、分配、交换和消费是社会经济活动的四大要素，消费是经济周期的终结点和生产环节的起点；在宏观经济学中，消费是 GDP 中的一个重要部分。随着居民消费水平的不断提升和消费结构的不断优化，人们对消费产品功能产生了更高层次的升级需求，从而刺激家庭消费相关产业的发展升级和结构优化，进而促进国民经济增长。因此，深入研究生育政策对城镇家庭消费水平和消费结构的影响，有利于政府制定和完善有效的鼓励措施。

第二，从中观层面来看，生育政策的放宽，必然会影响城镇居民家庭消费行为。2014以来人口生育政策的调整，尤其是2016年"全面二孩生育政策"实施后，城镇家庭出生人口增加促进了"二孩经济"的发展，这涉及相关产业的发展和布局，以及满足家庭用户新需求的新行业、新技术和相关从业人员的技能培训。

第三，从微观层面来看，二孩生育政策的实施放松了居民家庭孕育子女的数量界限，尤其是"全面二孩"政策允许所有家庭生育二孩。但是具体到每个家庭，是否会受到二孩政策影响选择生育，要看每个家庭根据自身条件的选择。通过中国城镇家庭数据来探讨生育政策对家庭消费水平与消费结构的影响机制与异质性，可以从实证角度很好地把握影响家庭消费水平和消费结构的影响因素到底有哪些，从而为促进生育率、扩大政策影响效果提供有效的实施政策建议。

因此，研究人口生育政策对城镇家庭消费水平和消费结构的影响，对促进未来经济和社会发展都具有十分重要的理论和现实意义。

# 第三节　本书所使用的实证研究方法

## 一、双重差分——倾向得分匹配法（PSM-DID）

在反事实测试思想的基础之上，本书参考了 Heckman et al.（1997）所提出的 PSM–DID 方法，将双重差分法（Differences-in-

Differences，缩写 DID）和倾向得分匹配法（PSM）相结合，以修正传统 DID 模型。

## （一）双重差分法

DID 法以一种反事实的框架为基础，对在政策实施和不实施两种情形下的被观测变量 y 的情况变化进行评测，这种方法主要被应用于社会科学中的政策效果评估方面（董艳梅和朱英，2016）。假定有一种外部的政策发生，可以将样本分成受到政策影响的 Treat 实验组和没有受到政策影响的 Control 控制组，且要求在政策发生以前，受政策影响的 Treat 实验组和没有受到政策影响的 Control 控制组的被解释变量 y 不存在明显差别，因此我们可以将政策冲击前后 Control 控制组的 y 值的改变视为是 Treat 实验组没有受到政策冲击影响时的状态（反事实检测）。最后，将 Treat 组的 y 的变化（D1）和 Control 组 y 的变化（D2）进行比较，得到实际的政策冲击影响效果（DID=D1−D2）。也就是说，DID 法假定两组样本的考察具有相同的"时间效应"趋势，由此我们分离出纯粹的"政策处理效应"引起的变化结果，即实验前后实验组和对照组各自结果 y 的变化差值（如图 1–14 所示）

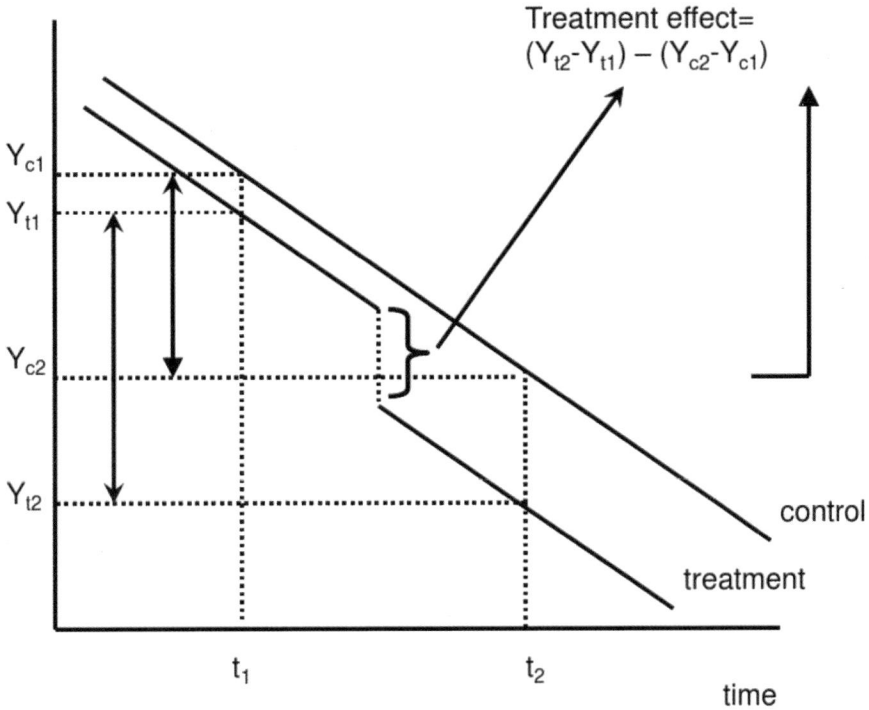

图1-14 双重差分法图示

## （二）多时点DID（多期DID）

中国二孩人口政策经历了"双独""单独"和"全面放开"的阶段性实施过程，生育政策调整后，符合"二孩政策"的一孩家庭会根据家庭成员自身的生育意愿、经济状况、照顾精力、父辈期望等多方面的因素，做出是否生育的决定。一部分家庭虽然拥有了生育权，但可能完全没有生育意愿，那么该项生育政策对这部分家庭无干预效果。而另一部分符合政策的家庭可能会选择生育二孩，但按照生育时点又可分为三种情况：（1）第一种为具有较强生育二孩意愿的家庭，这类家庭往往在政策出台前已经做了育儿准备，当政策出台后会抓紧时间生育二孩，这类家庭是受政策干预影响最大的家庭；（2）第二类家庭是即使有生育二孩意愿，但苦于生育能力限制等方面的非经济因素，二孩生育愿望无法在短期内获得满足，从而导致"二孩生育政策"的效果出现一定的滞后性；（3）还有的家庭由于眼前经济因素的考虑，也会考虑推迟家庭的二孩生育规划，进而使政策效果滞后（杨嘉豪等，2020）。因此，已有研究结论的不一致，很可能与没有区分政策时点前后"二孩生育政策"作用的目标家庭和逐步放开的"二孩生育政策"效果的滞后性有关。因此，虽然几次人口政策是统一颁布，但是由于每个家庭选择生育二孩的时间不同，即受政策干预的时间不同，所以无法使用传统的 DID 模型来验证"二孩生育政策"的政策效果。因此，本书参考付剑茹等（2022）的研究，采用的是"渐进式"的多时点 DID 方法，以验证"二孩生育政策"的政策效果。

### （三）倾向得分匹配（PropensityScoreMatching，缩写PSM）

PSM 方法可以帮助改进样本的选取偏差（Rosenbaum&Rubin，1985）。其具体的操作步骤有：第一，求出倾向得分值（Pscore），在此基础之上建立一个回归模型，使其被解释变量为二元虚拟变量，其中处理组的值取为 1，对照组的值取为 0，解释变量是能够影响两组相似度的若干指标。目标家庭受政策影响生育二孩的概率（即倾向得分）为：

$P=Pr\{DZ_{it}=1\}=\Phi\{X_{it}\}$

### （四）DID-PSM法

DID法能够利用双重差分的形式来解决内生性问题，从而分离出"政策处理效应"，但是也可能会出现样本偏差的问题；而PSM对样本偏差问题的规避具有一定的参考价值。在现实中，家庭选择是否生育二孩，是结合家庭本身经济与非经济条件进行抉择，也就是说家庭之间存在异质性，那么，保证处理组和对照组的可比性显得尤为重要（Heckmanetal.，1997）。

因此，本书通过构建一个受到"二孩生育政策"影响的实验组和一个没有受到"二孩生育政策"影响的控制组，来更好地符合共同趋势假定，以此为基础来估计"二孩生育政策"实施是否对家庭消费水平和消费结构产生影响。具体方法是，首先通过PSM寻找控制组样本，再使用匹配后的控制组和实验组，进行DID估计。

## 二、三重差分法（DDD）——异质性机理检验

三重差分模型一般是考虑适当放松双重差分模型下"实验组和对照组在政策干预前必须存在相同的发展趋势"的限制（即双重差分的平行趋势假设），但也是考察政策冲击对被解释变量的影响是否表现出差异性的有效工具。

进一步用三重差分探索"二孩生育政策"的异质性作用机理，从家庭财富差距和家庭成员工作性质差异性切入，运用三重差分法检验"二孩生育政策"对家庭生育决策及消费决策的影响是否表现出差异性。参照姚耀军（2019）和钱雪松等(2019)对双重差分模型

的扩展逻辑，在双重差分基础上分别加入"是否为财富水平较高家庭"和"家庭成员是否为体制内员工"的虚拟变量，构建三重差分模型，检测政策差异性作用机制。

## 三、中介效应分析

中介效应分析是对一个变量的中介作用进行考察，分析此变量能否成为中介变量，并衡量此变量在多大程度上起到中介作用的一个讨论步骤。在进行机制分析时，需要对机制或者说中介效应进行检验。中介作用是研究 X 对 Y 的影响时，是否会先通过中介变量[①]M，再去影响 Y；即是否有 X → M → Y 这样的关系。中介效应检验模型用图示表示如下，模型 1 代表了自变量 X 和因变量 Y 的回归分析；模型 2 表示自变量 X、中介变量 M 和因变量 Y 的回归分析；模型 3 表示自变量 X 和中介变量 M 的回归分析。系数 a 表示自变量 X 对中介变量 M 的作用效应，系数 b 表示中介变量 M 对因变量 Y 的作用效应，ab 乘积构成自变量 X 与因变量 Y 之间的间接效应，系数 c' 表示控制中介变量 M 后，自变量 X 作用于因变量 Y 的直接效应。因此，自变量与因变量间的总效应就等于直接效应和间接效应的加总，即总效应表示为 a*b+c'。我们要做的中介效应分析就是要检验 a*b 效应是否存在，存在的话作用程度如何。

---

① 中介变量是介于自变量与因变量之间的，它可以部分地解释自变量对因变量的间接影响，即自变量对因变量的影响可以分为直接效应和间接效应两部分。

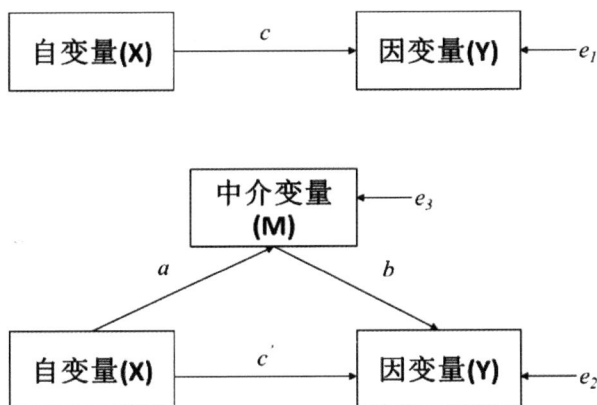

图1-15 中介效应模型说明

在此将借鉴 Baron&Kenny（1986）和温忠麟等（2014）提出和改进的逐步检验回归系数法，分三步进行检验（检验程序可以参考图 1-16）。如图 1-15 所示。第一步：检验方程 (1) 的系数 c，也就是自变量 X 对因变量 Y 的总效应；第二步：检验方程 (3) 的系数 a，也就是自变量 X 和中介变量 M 的关系；第三步：控制中介变量 M 后，检验方程 (2) 的系数 c' 和系数 b。如果结果系数 a、系数 b 和系数 c 都显著，则中介效应显著；如果在满足以上两个条件的同时，在方程 (2) 中，系数 c' 不显著，则称为完全中介。

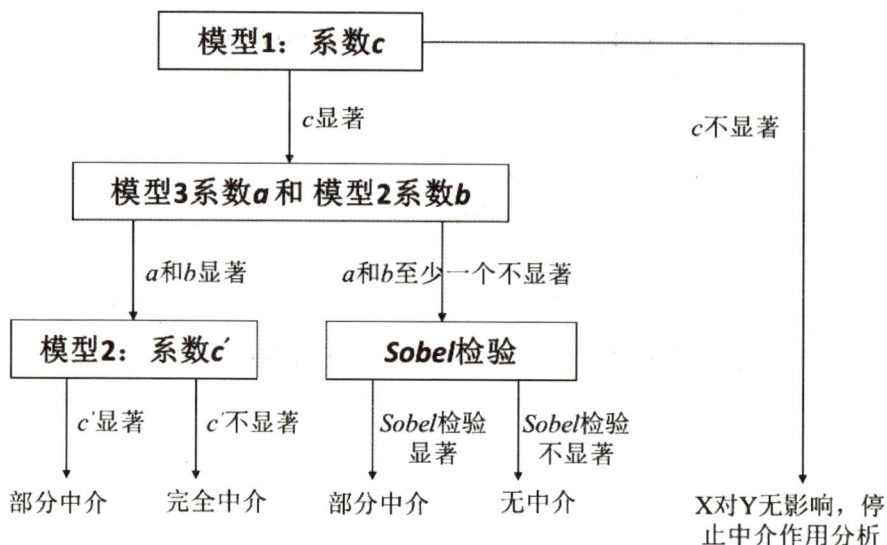

图1-16　中介效应检验程序

## 第四节　研究目标

（1）首先进行总效应分析。运用双重差分法检验"二孩生育政策"对二孩目标家庭的消费水平及消费结构升级的作用效果，并通过基于倾向值匹配的"渐进式"双重差分法（PSM-DID）、平行趋势检验、替换变量、缩小样本量等方法进行实证检验。

（2）通过中介效应分步检验法探究"二孩生育政策"对家庭消费的影响作用机制。探讨并验证家庭代际经济扶持和家庭代际照顾扶持是否对目标家庭产生"收入效应"和"保障效应"，从而在生育政策与家庭消费之间起到中介传导机制作用。

（3）更进一步基于家庭特征的异质性分析扩展研究。运用三重差分法探讨"二孩生育政策"对不同特征目标家庭的消费水平和消费结构产生的政策效果差异，检验家庭财富差距和家庭成员工作性质的异质性影响。由于教育竞争越来越激烈，检验家庭教育支出在不同异质性分组下对其他发展享乐型消费的挤出效应，考察其对家庭消费升级的影响作用。

（4）通过实证结果检验和深入分析，提出促进生育率和提升家庭消费结构升级的政策建议，为扩大"二孩生育政策"效果和提出"三孩政策"的配套措施与落实政策提供有益帮助。

# 第五节　创新点

在数据方面，本书利用中国家庭追踪调查数据CFPS2012—2018四轮调查数据，构建了涵盖家庭、个人、经济、儿童的多变量面板数据。这是一份具有代表性和连续性的微观数据，可以有效地反映城镇家庭在二孩生育政策实施前后的消费行为和需求变化。本书通过选取家庭总消费来测度家庭消费水平，以从八大类消费中归纳得出的生存型消费和发展享乐型消费指标测度家庭消费结构，以此判断城镇居民家庭消费结构升级情况。

在研究方法上，试图将二孩生育政策视为准自然实验，采用双重差分法构建实验组与对照组，以此衡量生育政策冲击效果；为了克服样本选择问题对实证分析可能带来的影响，采用倾向得分匹配（PropensityScoreMatching，PSM）方法为目标家庭寻找匹配的对照组；根据"单独""双独"和"全面"二孩政策时点不同，进行"渐进式"DID估计，最大限度得到最可靠的估计结果。这些方法的运用可以有效地解决内生性问题和样本偏差问题，提高估计结果的可信度。

在机制分析方面，本书不仅分析了二孩生育政策对家庭消费水平和消费结构升级的影响，并通过倾向得分匹配法、平行趋势检验、替换变量、缩小样本量等方法进行了稳健性检验。在此基础之上，更细致地运用三重差分法考察了家庭财富差距和工作性质差异的异质性影响，并通过进一步分组检验分析了教育消费支出在不同财富等级家庭中的挤出效应。还通过引入中介效应模型对政策作用机制进行了检验，并验证了家庭"代际扶持"传导产生的"收入效应"和"保障效应"，从而深化对二孩生育政策在微观家庭消费结构升级影响方面的解读。

在政策提出方面，本书通过实证结果检验和深入分析，提出有利于促进生育率和提升家庭消费结构升级的建议措施，为扩大"二孩生育政策"效果和提出"三孩政策"的配套措施与落实政策提供有益帮助。这些建议措施不仅具有理论依据，也具有现实针对性，可以为政府决策和社会管理提供参考。

# 第六节 研究思路图

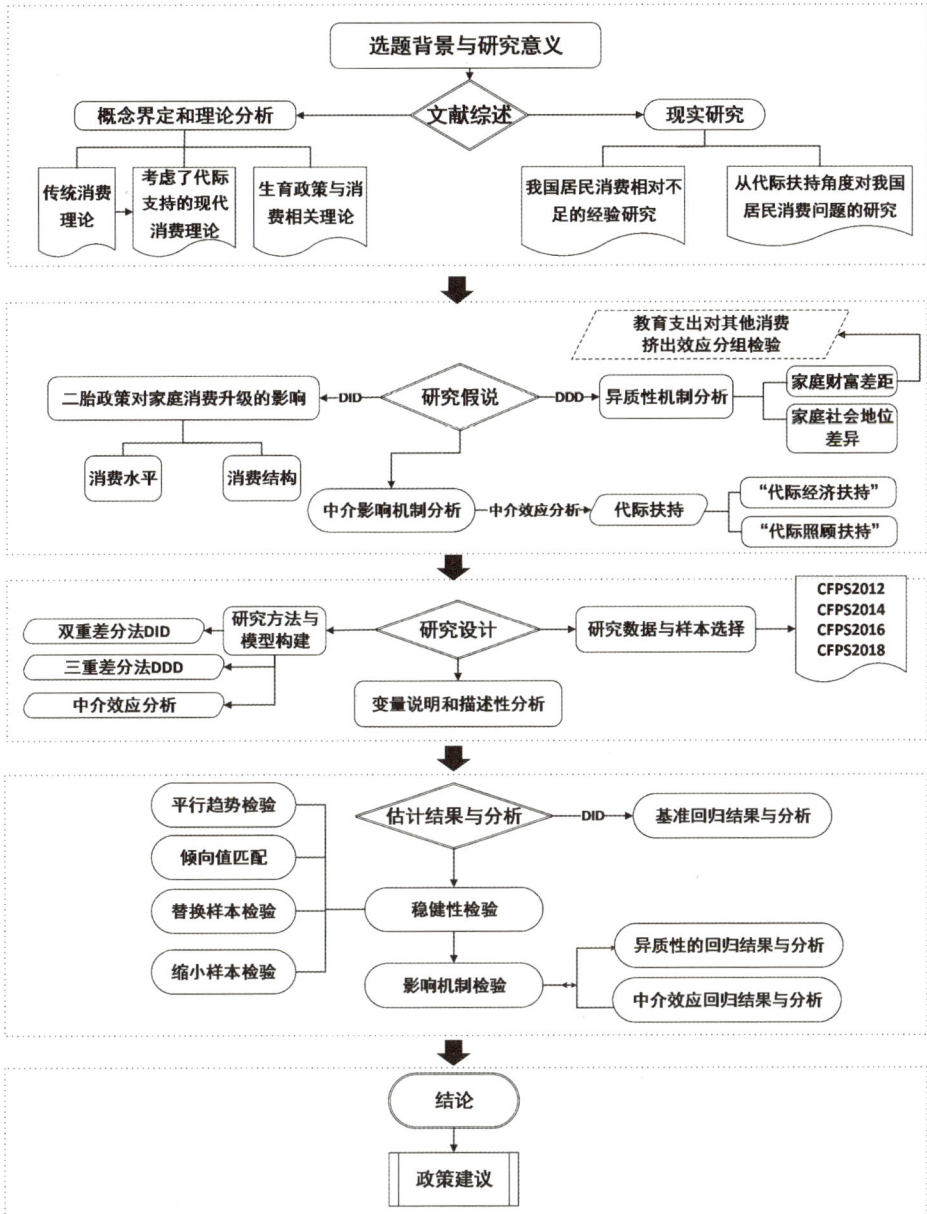

图1-17 本书研究技术路线图

# 第二章　生育政策对消费影响的相关理论及先前研究讨论

## 第一节　消费结构相关概念

### 一、消费结构

#### （一）消费结构的定义

#### 1. 消费结构的基本定义

消费结构是消费经济的重要范畴，消费结构是与居民生活质量相关的重要比例指标因素。国家或社会为了生存与发展必须满足人们的各种需要，为了满足这类需要，必然会有多种消费资料的需要，同时居民的收入又有一定的限度，各种消费品需要的分配也会出现消费结构问题。消费结构反映了消费内容、消费质量和消费层次。在一定程度上可以说，消费结构反映着经济增长方式的转变与经济效益的提高。所以，研究居民消费结构变化及其变动趋势，对于促进经济发展和提高居民生活质量具有重要意义。消费结构与产业结构、流通结构、分配结构有直接的联系。

**2. 消费结构的度量方法**

消费结构亦即消费的构成，是特定社会经济条件下消费者对各类消费品及劳务消费量的比重及其相互关系。它可通过各种消费支出占生活消费的比重来表示。它既反映了居民生活消费质量的改变，也反映了其内在构成的合理化程度。消费结构是国民经济总体中所占的一系列重要比例因素之一。社会为了生存与发展，就要满足人的许多方面的需求，为了满足这些需求就要消耗各种各样的消费资料，于是便出现了一个关于消费构成的问题。消费结构体现了消费内容、质量与层次。消费结构在产业结构、流通结构、分配结构等方面都起着极其重要的作用。

**（二）消费结构的理论探讨**

**1. 消费经济学科的形成**

20 世纪 80 年代，随着改革开放和人民收入水平的提高，学者们针对消费经济理论展开了讨论。十一届三中全会之前，一些学者对消费问题进行了大量的研究，但由于当时的情况，还不能将其单独研究（董辅礽，1959）。过去也很少有人系统地、全面地研究消费结构问题，没有深入揭示消费结构与产业结构、社会经济发展的内在联系和相互作用。十一届三中全会为我国的科技和消费经济带来了新的活力。1979 年 4 月 28 日，尹世杰首次在《光明日报》上指出消费经济作为一门独立学科的重要性，自此"禁区"被打破，许多学者都对消费进行了系统性的探讨，并指出，过去的社会主义生产目标未能达到，其根本原因是对居民消费和消费问题的研究不够。对社会主义生产性目标的探讨，极大地推动了对消费经济的研究。

**2. 消费结构理论的发展**

（1）消费结构的不同定义

关于消费结构的定义，学者们有不同的观点和划分方法，可以大致分为三种：广义的、相对宽泛的和相对狭义的。

1）广义的消费结构

汪定国等（1983）从广义上定义消费结构，认为它是指满足人们物质和精神生活的各类因素的数量和质量，以及各类因素之间的比例关系。这样的消费结构既涵盖了人们生活中最基本的物质需要，又包含了人们精神文化方面的需要；既反映了一般人的消费水平，又关系到一个国家或地区的经济状况。这一切，构成了社会整体消费结构。

2）相对宽泛的消费结构

杨圣明等（1984）从相对宽泛的角度看消费结构，认为它是指生活消费过程中包括社会因素和自然因素在内的各种因素，以及这些因素与自然因素之间的互动关系与数量比例。于光远（1982）也持相对宽泛的观点，其界定消费结构注重社会结构的社会属性，并把社会消费结构视为全社会消费总规律。社会消费结构不仅包括各种消费资料与劳务所占比重，而且还包括社会群体消费所占比重，社会公共分配与私人分配消费品所占比重，各种消费活动所占比重（吃、穿、住、行及其他使用），以及从需求类型上看生存需要、享受需要、发展需要所占比重。

3) 相对狭义的消费结构

厉以宁（1984）则从相对狭义的角度看消费结构，认为它是指各种类型的消费支出在总消费支出中的占比。郭冬乐（1983）也指出，居民的消费结构是消费资料（包括劳务资料在内）的种类和数量之间的比例关系。尹世杰（1983）同样认为，消费结构是在消费活动中，人们所消费的各种消费资料的比例关系。这些定义论述表明，近年来对消费结构的定义传承了80年代学界相对狭义派的观点，并趋于一致性。本书也采用这种各类别消费在总消费中占比的狭义派观点，并借鉴国家统计局对消费的划分标准，将消费分成八个大类：食品、服装、家庭设备用品及服务、医疗、交通和通信、教育娱乐文化服务、居住、其他用品和服务等。

（2）消费结构理论的发展历程

尹世杰（1988）在他的著作中，将中国的总体消费结构分为"简朴型""粗放型""集约型"和"舒展型"四大类，并指出了促进消费结构优化升级、促进社会经济发展的对策。后来在经济转型期，随着产业结构和消费结构都升级换代的情况下，尹世杰（2001）又从理论上结合现实，结合我国居民在消费中出现的新趋势、新特点，对如何合理调整我国的消费结构进行了分析。随着中国经济快速发展到一定阶段，产业结构和产品结构的丰富完善程度、居民收入和消费品价格增幅，以及人口总量及构成都趋于相对稳定，因此由这些因素影响的居民消费结构的构成也趋于一致。尤其近年来随着微观数据的可获得性增强，越来越多的学者开始将视角深入微观层面，消费结构的概念界定更加趋于相对狭义派，在学术界也更趋于一致。李泓欣等（2013）提出的居民消费结构的定义，是在一个国家的总需求与总供给处于平衡状态时，政府通过财政手段和货币手段来实现国民经济的稳定增长、物价平稳、就业充分和国际收支的平衡。这时消费结构来自于供给方（货币、价格水平）和需求方（消费需求、利率、投资）对各居民个人消费的影响而形成的比例关系。田晖等（2004）认为消费结构是指一定时期内消费者所消费各种消费资料（包括物质资料和劳务）之间的比例关系。陈丽珍等（2022）认为消费结构就是指各种消费支出占总消费支出的比例，它既能反映一国（或一个地区）宏观经济发展水平、消费者消费特征等，又能在某种程度上确定各种消费变化的规律。

（三）消费结构的类型

因为消费结构的多层次、多角度的规定性，因而具有多方面的特征，我们可以从多个方面进行归类。从不同的需求、不同的研究视角来看，可以将消费结构划分为多种类型。根据消费者在日常生活中的消费行为的不同层面和具体形式，可以分为衣、食、住、行等消费形态；根据消费需求水平的不同，消费结构可分为生存型消费、享受型消费和发展型消费；根据消费产品的内容和消费形式的不同，可以分为实物消费、劳务消费和精神消费等；按照消费结构的度量标准，可分为实物消费结构和价值消费结构（也称消费结构的实物形式和消费结构的价值形式）；根据消费的大小和范围，可以将其分为两类：一是宏观消费，二是微观消费。我们研究的居民家庭消费就属于宏观经济形势下的微观消费，本书所研究的就是家庭消费中生存型消费和发展享乐型消费的比例关系，进而考察家庭消费升级的情况。

## 二、消费结构升级

伴随着社会经济发展和人们生活水平日益提高，消费结构将发生改变。人们对于商品类消费和非商品类消费总体上呈现出三种趋势：（1）在一定程度上，商品类消费与非商品类消费所占比例将发生变化。在社会主义商品经济不断发展的条件下，商品类消费和非商品类消费的比重在一定范围内是变化着的。随着我国社会主义商品经济的不断发展，商品类消费无论在量上还是在质上都呈上升趋势，但其所占比例将有所降低，而非商品类服务消费的需求日益增长，导致服务消费占比将逐渐增加。（2）代表居民消费需求层次的生存、发展、享乐类消费需求方面，由于人民的生活水准不断提升，在居民消费结构中，生存性消费费用占比逐步降低，而发展与享乐性费用占比相应提高。（3）在经济发展和产业升级的过程中，日常生活所涉猎的吃、穿、住、行、用的所有常规项目都得到了极大的更新发展，表现为种类品目的多样化、品质的精益求精化、用途的多元化，等等，从而使居民消费在吃穿住行用方面的消费占比也在发生了根本变化。

消费结构也称消费构成，它是特定社会经济条件下消费者对各类消费品及劳务的消费量及其联系。它可以用各种消费支出占生活消费的比例表示出来。消费水平与结构是一个国家或地区经济发展水平和人民群众物质文化需要状况的综合反映，也是衡量社会再生产过程是否正常进行的标准之一，消费结构是随着社会生产力的提高而不断变化的。从一般意义上讲，它属于动态范畴，有阶段性特征。它显示了居民生活消费质量的变化，也标志着其内在构成的合理性。消费结构是国民经济总体中所占的一系列重要比例因素之一。社会为了生存与发展，就要满足人的多种需求，消费构成的问题是为了满足人们的需要而消耗各种消费资料。消费结构反映消费内容、质量和层次。消费结构在产业结构、流通结构和分配结构中占有举足轻重的地位。不论是个人消费，还是家庭内的消费分配结构，均有显著的变化。

消费结构是居民的消费水平随他们的总消费水平的提高而发生的。居民消费支出构成比重的变化（石明明，2019）主要体现在各种消费支出的微观结构和层次上的提高，如：马斯洛的需求层次理论、布迪厄的文化资本理论等。

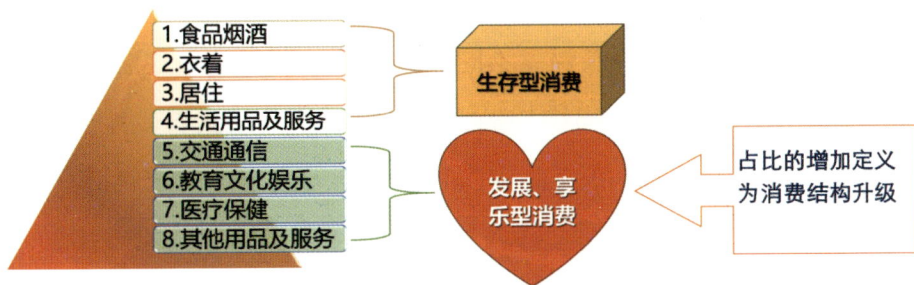

图2-1　消费结构图

我们在马斯洛需求层次理论的基础上，根据国家统计局关于消费内容的八大类划分，可以借鉴茅锐等（2014）学者就八大类消费的归类总结，将食品、服装、居住，以及生活用品及服务这些关乎人民基本生活的类别归纳为生存型消费；将反映人们生活更高层次质量的交通通信、教育文化娱乐、医疗保健，以及其他用品及服务归纳为发展、享乐型消费（见上图2-1）。一个家庭中生存型消费占比降低，发展、享乐型消费占比增加，我们就认为是家庭实现了消费升级。

我们从宏观数据也能够很明显地看出中国居民家庭消费升级的态势，由于城镇居民消费和农村居民消费在消费结构上有很大差别（臧旭恒，2003；唐琦等，2018），例如从2001—2010年城镇和农村的居民消费结构变化看，城镇和农村居民在食品方面的消费占比年均变化率分别为 −0.7% 和 −1.5%，居住消费占比的年均变化率分别为 −1.6% 和 1.8%，医疗保健消费占比的年均变化率分别为 0.1% 和 7.8%（茅锐和徐建炜，2014）。另外，考虑疫情给居民消费水平和消费结构带来的冲击较大，因而在此选取城镇居民1998年、2008年以及2018年跨度20年的消费数据进行分析。如图2-2所示，首先，随着人民收入水平的提高，城镇居民家庭中八大类消费开支均呈增长态势，但各类别的增长幅度不同。关乎城镇居民基本生活的食品、服装、生活用品方面支出增长平缓，居住方面费用增长幅度较大；而反映城镇人民生活水平提高的教育文化娱乐支出、交通通信支出、医疗保健支出等增幅明显。除去物价上涨因素外，各类别支出的增加反映了城镇居民随着收入水平的提高，对基本吃穿住行用的质量提升需求大幅增加，对教育文化娱乐、医疗保健等发展和享乐型消费需求增长较快。

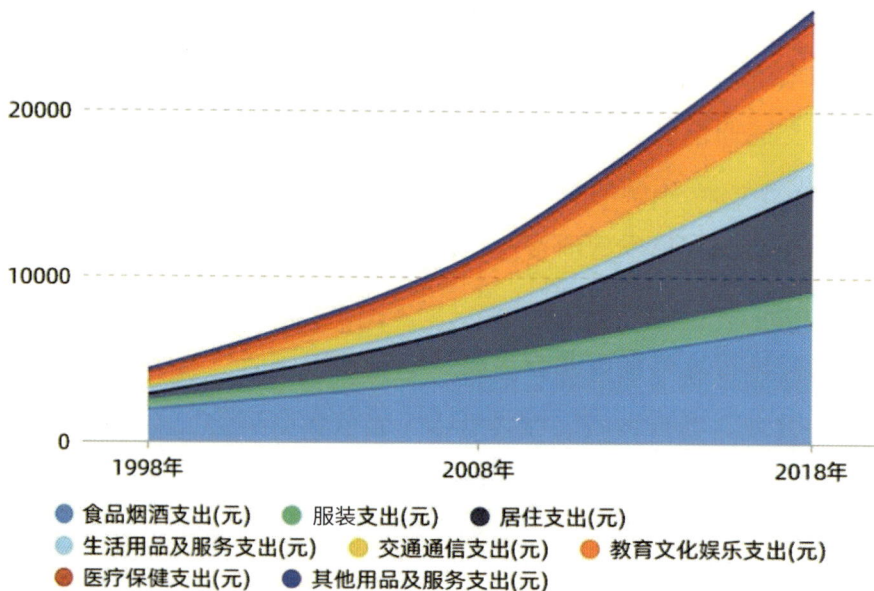

数据来源：国家统计局①

图2-2 城镇居民八大类消费变化趋势（1998—2018年）

---

① 原始数据来源于国家统计局网站：http://data.stats.gov.cn，图2-2和图2-3分别选取城镇居民1998年、2008年、2018年数据制作。

　　无论是生存型消费，还是发展、享乐型消费在近 20 年来都获得了增长，从上面的图 2-3 中，能更加清晰地看出城镇居民城镇八大类消费各类别的比例变化。虽然食品、服装、生活用品等支出总额在不断增加，但是在居民消费中的占比却下降明显，而居住支出<sup>①</sup>占比增长明显。在发展、享乐型消费中，教育文化娱乐支出和交通通信支出在 1998—2008 年间增长明显，之后增长平缓，而医疗保健支出在 1998—2008 年间占比降幅较大，2008—2018 年间占比略微增加。

　　这种趋势的转变，一方面是因为人们的收入和生活水准的提升而引起的；另一方面，主要是因为 20 世纪 90 年代中期以来实行的各种经济体制的改革，如住房、医疗、教育、养老等都发生了政策变化。从 1999 年起，央行就对我国城市存款人进行了一项问卷调查，发现我国居民以教育储蓄为储蓄首要动机，其后依次为养老储蓄、购房储蓄，以及预防性储蓄等，而且这个顺序在之后年份的多次调查中变动不大，教育储蓄一直位列第一（刘娜等，2020）。总之，从家庭的角度来看，研究家庭消费，应考虑到把家庭成员人口结构的变化因素纳入其中，从而调整各类消费在家庭消费中的占比支出。

　　本研究认为，城镇家庭消费升级表现为家庭消费水平的提升和家庭消费结构层次的提升。

---

　　①　居住消费主要包含房租、装潢、水电燃料和物业管理等支出，并不包括购房支出。

## 三、代际扶持

"立爱惟亲，立敬惟长，始于家邦，终于四海"，中国人一般都符合代际互助扶持这一宽泛的概念：在完整的家族关系中，随着生命的历程，代际互助不断地进行，从幼儿到被抚育成人，成人后能够在经济上自力更生，能够养育孩子和照顾老年人。从而使上一辈与下一辈之间的关系非常密切，其表现为经济的互助和生命情感的相依，是一种连接家庭情感的纽带桥梁。成年人与青少年之间的关系，以养育扶持和教育扶持未成年人为核心，青年人对老年人的联系主要表现为对老人的赡养扶持，而成年人与成年人之间的联系主要表现为经济上的相互扶持（王跃生，2008；麻国庆，2023）。这种对子代与父代的双向支持，既有经济支持，也有非经济支持。经济支持通常是指为了赡养老人或者抚养子女的行为而付出经济上的代价，非经济支持指在赡养或抚育行为过程中产生的情感和体力付出（穆光宗，2002；王静，2020）。成年人对未成年人的抚育支持即为向下的代际扶持，成年人对老人的供养是一种向上的代际扶持。本书中所说的"向上代际扶持"是指家庭中成年人对其父母一代的赡养，"向下代际扶持"指家庭中对子女的养育、教育扶持，以及对子女婚嫁、隔代育儿的扶持。

# 第二节　消费理论的发展与演进

## 一、经典消费理论

英国经济学家凯恩斯最早明确提出消费是由收入决定的，并指出了两者之间的关系（$Ct = \alpha 0 + \alpha 1 Yt$，其中 Ct 表示消费，Yt 表示收入，$\alpha 0$ 和 $\alpha 1$ 是常数），并推导出储蓄倾向随收入增加而提高，而边际消费倾向存在随着收入增加而递减的规律，这就是凯恩斯在他的著作《就业、利息和货币通论》中提出的著名的"绝对收入假说"。而后杜森贝里在《收入、储蓄和消费者行为理论》中指出，在经济平稳增长的阶段，总储蓄率不受收入的绝对水平的影响，但受到银行利率、收入预期、收入分配、收入增长率，以及人口构成等因素的影响。他在收入的分配状况、消费者的相对收入水平等决定消费的传统因素基础之上，将社会心理因素也纳入消费函数的研究，并引入了"棘轮效应"和"示范效应"，在消费函数里，杜森贝把可支配收入定义为相对收入水平。摒弃了绝对收入水平。在这个假设下，认为消费者只注重与其他消费者的相对水平，并非消费的绝对数量。由此得出，当期消费作为相对收入的一个函数，与滞后期收入与前一期消费水平有关。可采用以下公式表达：$Ct = b0 + b1Yt + b2Ct-1 + \mu t$，该式说明消费具有不可逆的特性（Duesenberry，1949）。

而莫迪格利安尼和布伦伯格首次提出消费不光取决于目前收入水平，还取决于终身预期收入水平。他们认为理性消费者在整个生命周期中，将依据自己终身收入所得进行平滑分配消费，并尽可能地将收入根据生命周期分为各个阶段，并对他们的储蓄和消费比例进行调节。这就是著名的"生命周期假说"。青少年时期存钱，老年人则用青年存款进行消费来源补充，表现为消极存款。生命周期理论被应用和扩展到多个研究领域，可谓影响广大而深远，并且是第一次把边际效用系统运用到个人储蓄行为分析中（Modigliani & Brumberg，1954）。随着消费收入理论的发展，美国著名经济学家费德里曼（1957）又提出了"持久收入假说"，他认为持久性（而非暂时性）收入水平决定消费，消费者在人生的每个时期都会通过追求效率的最大化来使消费和存款在不同的时期得到稳定。把"预期收入"纳入持续性收益的概念，即消费者对于未来的收益存在不确定感，导致他们更多地进行高存款，这与他们的所得绝对值没有关系。由于这一学说与寿命周期假设相吻合，故将两者被合并统称为"生命周期－持久收入假说"，简称 LC-PIH。

在这之后储蓄理论也获得了发展，莫迪格利安尼和安东提出新储蓄理论，并且首次背离了凯恩斯的公式。他们提出的"储蓄的生命周期假说"中，把零利率和价格不变的条件全部取消，并把遗产存在与否和失业率两个条件纳入模型，最终得出消费者所处的年龄对储蓄的决策有重要影响，储蓄率却不受收入影响（Ando & Modigliani，1963）。

后来经济学伴随着经济问题的变化而发展，消费理论进入快速发展期。比较有趣的一个创新是由 Hall（1978）提出的"随机游走假说"，他在生命周期模型、持久收入假说等分析框架的基础上，融入理性预期（Rarional Expectation，RE）和不确定性（Uncertainty，UN），提出理性预期模型。他主张消费的轨迹是"随机游走"，经过理性预期和对不确定性的考量，消费者能够较好地去平滑消费，并假设消费者对未来消费增长做出了预测，那么消费即期边际效用将大于未来预期边际效用，因此消费者将对即期消费做出调整，继而能够增加总体效用，也就是说消费变化是无法预料的，从而推断传统理论公认的消费与收入的密切相关关系不再是真理。之后的学者 Leland(1968)将不确定性纳入储蓄理论。提出了"预防性储蓄理论"。该学说认为：因为未来具有收入和支出不确定性，消费者会为了平滑终身消费而储蓄，以抵御未来收入不确定性冲击，从而可以维持一定的消费水平，预防性储蓄理论应运而生。随后，Sandmo（1970）利用两期模型，对预防性储蓄理论进行检验，Sibley（1975）以此为基础又进一步证实，在多期模型中当边际效用函数为凸向的情况下，消费者预防性储蓄存在。

随机游走假说催生了一些新的消费理论。有代表性的是 Zeldes（1989）所提出的流动性约束理论，其认为，因为在消费者的现实生活中存在金融制度约束，所以消费者以借贷的方式满足其消费的难度较大。也就是受流动性约束的限制，消费者个人消费水平会低于不受约束的情况。另外未来流动性约束还将加强消费水平的这种下降程度。本期消费即使不受约束，但其将来可能受到约束的预期同样使消费水平降低。因此，当期及未来期望的流动性约束都会对消费者的消费决策产生显著影响。

还有英国经济学家迪顿(1992)把预防性储蓄和流动性约束理论相结合，提出了储蓄缓冲存货模型。这一理论在理性预期生命周期模型（LCA）中引入了消费者谨慎，缺乏耐心以及流动性约束等因素，并认为受流动性约束影响，消费者通过提高财富积累抵御了未来风险并制定了与收入风险相匹配的财富目标，而当现实财富水平小于这一目标时会提高预防性储蓄而降低消费水平（Deaton，1992）。

传统消费理论中，如预防性储蓄、流动性约束以及缓冲存货模型这些不确定情况下消费理论能够对居民消费行为做出部分解释，但是解释力度远远小于实证结果（Kaplan，2014），消费理论的自我发展要求以及居民所处的消费环境变化使得现代消费理论不断地在批判和完善中得到发展与提高。

## 二、代际交叠理论

随着以上消费理论的发展，出现了一个新的研究视角，就是将研究对象从一代经济主体扩展到多世代经济主体，以顾及家庭内部不同代际成员间收入的传递，进而涉及到家庭内部的扶持、支持问题，研究角度更加符合家庭实际，这就是著名的世代交叠理论。萨缪尔森（1958）是第一个提出世代交叠概念的，而戴蒙德（1965）是第一个提出一个比较成熟的世代交叠模型（Over Lapping Generation Models，简称 OLG 模型）的。

后来，学者们对代际财富转移动因的研究，多聚焦于家庭内代际扶持动因的判别（Barro，1974;Becker，1974），他们几乎是在同一时期提出具有相似利他主义趋势的代际交叠模式，均在研究时说明在单方向遗赠模式下，上一代发自内心对下一代生活状态的关注，将给下一代以一定程度的经济支持。而最先将代际交叠模型由单向发展为双向的是 Buiter（1979）和 Carmichael（1982），在他们看来，经济个体消费者效用水平并不只取决于自身消费情况，而是由他通过向父辈赠送和向子辈遗赠这两个双向过程来实现。这些理论本质上也都是利他主义的观点，只是把模式向着双向发展。而伯恩海姆（1985）的战略性动机模型强调父辈向子辈传递财富，具有利己主义动机，在关注儿女生活之余，其宗旨是在年老时期盼望儿女多关怀、多慰问。在此之后，很多学者也都将代际扶持扩展为向上和向下两个层面（Choukhmaneetal，2014；Wei&Zhang，2011）。

　　早期的世代交叠模型基本都是只包含青年期和老年期的二期世代交叠模型，但由于关于生命周期的划分过于死板僵硬，学术界争论不断。后来的学者又将生命周期分为三期（少儿期、中年期、老年期），并在此基础上建立世代交叠模型，贺菊煌（2002）首次运用三期的世代交叠模型分析了我国的经济增长问题，而后经济学家们利用三期世代交叠模型进行了进一步经济研究（储成兵，2014；汪伟，2017；周昱衡和韩晓宇，2018）。中国家庭效用函数已不是对有限资源的本期消费和将来消费的取舍权衡，而是在代际之间进行资源配置权衡。青年受教育时期完全依靠父母赡养，老年后需要中年期子女赡养，把遗产送给儿女。为此，将遗赠与供养同时纳入消费效用函数，采用双向"利他"代际传递检验中国居民消费储蓄行为，以期为现阶段中国消费不足与高储蓄率并存现象提供解释。

显然，考虑代际支持的消费理论比传统消费理论更能贴近现实中微观家庭的消费决策与行为模式。

## 第三节　生育政策对家庭消费决策和行为影响的相关理论

### 一、关于生育子女的"消费—投资"理论

为了探讨生育政策变化的生育效应，有必要对家庭生育子女的动因进行调查。自从贝克尔（1960）的开创性论文发表后，后来的文献普遍把儿童看作是家长的"消费品"或者"投资品"（Ehrlich，Lui，1991）。在视子女为家长"消费品"的情况下，因为子女消费和自身消费之间存在替代性，家长可能减少"子女"消费而使家庭生子女人数下降；在视子女为"投资品"的情况下，出于获得未来子女收益或者养儿防老的动机，而有可能使子女人数上升。生育政策宽松时，儿童数量对于养老的影响将增大（汪伟等，2017）。但儿童数量增加将影响其消费和闲暇，家长将权衡收益和成本以做出最优选择，故生育政策调整究竟对家庭生育行为有何影响存在理论不确定性，有待进一步实证。

## 二、子女数量、家庭储蓄与家庭消费

家庭储蓄需求理论认为子女数量与储蓄率负相关，即家庭中子女数量对储蓄存在一定的替代效应（Samuelson，1958）。家庭把子女看作是跨期投资或把子女看作是父母在其生命周期中由有收入成人阶段向没有收入老年阶段资源转移的机制，这是家庭养老中最主要的两种手段。子女赡养父母行为对老年人口生活起着重要保障作用，子女通过向父母提供经济资助、日常照料、情感慰藉等方式来回报对他们的抚养与教育之恩。家庭在预防性养老保障方面的积蓄，会随着孩子数量的增加而相应降低。相反，当子女人数减少时，从防老角度出发，其预防性积蓄将增多，总体消费水平将下降。

根据家庭储蓄需求理论，子女数量和储蓄率呈负相关关系，也就是说家庭内子女数量对于储蓄具有某种替代效应（Samuelson，1958）。研究中基于中国家庭追踪调查数据和CHARLS微观数据库，实证检验了这一假设。研究发现：子女数量显著影响了居民的消费决策。子女数量越大，居民越倾向于购买耐用消费品。作为一种跨期投资，其在整个生命周期内都存在着从成人阶段到老年阶段的资源转移机制，主要表现为家庭养老和子女教育这两种方式。子女扶养父母的行为对于老年人口的生活具有重要的保障作用，子女会通过给予父母经济上的资助、日常的照顾和情感慰藉等方式来回报其抚养和教养。家庭在预防性养老保障上的这部分积蓄将随子女人数的增多而相应减少，相反，当子女人数减少时，从防老角度出发，其预防性积蓄将增多，总体消费水平将下降。

## 三、生育政策对家庭消费水平及消费结构的影响

以人为消费主体的生育政策调整对家庭消费水平和消费结构产生影响。新生育政策的推行会对家庭消费产生两条路径的作用：其一是宏观途径，即生育行为的改变先影响人口年龄结构继而影响劳动力市场和资本存量（Cutler，1990），并最终导致家庭消费水平的改变；其二是微观途径，即家庭所处生命周期阶段影响居民消费水平和结构。在生育政策的调整下，部分家庭所生子女人数增多，家庭用于抚养子女的支出可能相应增加，而子女同时又是将来养老的来源，从而子女人数的增加降低了父母养老储蓄的水平，也就是增加现期消费。但家庭也能预期未来育儿支出会更多，基于预防性储蓄理论（Zeldes，1989），会降低现期消费，增加"预防性储蓄"。所以，"二孩生育政策"究竟是对家庭消费的一种推动还是遏制还没有结论。再从家庭内部消费结构看，我国家庭一直有注重教育的传统，在生二孩之后，家长可能加大对子女人力资本的投资，从而使家庭文化教育方面的开支增加。另外，由于家庭人数增多、住房需求提高和中国房价高企，家庭也有可能会提高居住消费或购买住房并存钱。如此一来，就会挤出家庭在其他领域的开支，这就有可能引致发展、享乐型消费下降。所以，"二孩生育政策"还会导致家庭消费结构的改变。

另外，中国传统文化中固有的男孩偏好和独生子女政策下的性

别失衡，家长为提高男性在婚姻市场的竞争力，会增加储蓄帮子女买房等，从而对现期消费产生抑制作用。还有基于中国家庭的财富差距，抚幼负担也会有所不同，从而影响不同层次家庭的消费结构变动。

在中国家庭消费结构变动问题上，已有研究多集中于收入水平、收入预期及收入分配问题（白重恩等，2015），也对消费偏好与消费习惯（石明明等，2019）、消费品的相对价格（唐琦等，2018）以及人口年龄结构（茅锐和徐建炜，2014）等方面进行了研究，但尚未有文献聚焦于"二孩生育政策对于家庭消费结构影响"的问题研究。任慧玲（2019）利用 AIDS 扩展模型进行检验，认为生育政策对城镇居民消费结构具有重要的影响。汪伟等（2020）研究涉及了二孩政策对家庭二孩生育与消费的影响，但其研究的二孩政策仅限于"单独"二孩和"全面"二孩政策。"二孩生育政策"是逐步放开的政策，所以评估其对家庭消费的影响并不容易，而消费结构升级还是降级，单纯从八大类消费指标不容易把握，这些都给本书提供了进一步研究的空间。

## 第四节　居民消费相对不足的影响因素研究

在我国经济快速增长的大环境下，我国居民的消费储蓄行为与倾向与很多经济增长国家表现出了异质性，吸引了众多国内外学者对其进行解读，尤其近年来我国居民高储蓄和消费潜力释放不充分等问题不断受到学界的重视。关于中国居民低消费产生的原因，已有文献从不同的理论框架和角度，探讨了影响我国居民消费的各种因素，如收入、财富、不确定性、金融市场、社会保障、人口结构、文化传统等。本节将对这些影响因素进行梳理和评述，主要从以下两个方面展开。

## 一、生命周期视角

从生命周期视角出发，许多学者分析了我国居民消费与收入预期、人口老龄化、不确定性等因素之间的关系，并评估了不同消费理论对我国居民消费行为的适用性和局限性。不同的理论对我国居民消费行为的解释力有所差异，并在不同的时期和金融市场条件下产生不同的效果。

首先，厉以宁（1992）从生命周期角度认为，生命周期—持久收入假说并不能很好地解释中国改革开放之后的居民消费行为全部历史样本。臧旭恒（1994）则分别运用绝对收入假说、相对收入假说和生命周期—持久收入假说等理论对中国居民消费行为的不同时期进行考察，得出绝对收入假说能够较好地解释改革开放前中国居民的消费行为，但对改革开放后经济发展阶段的解释力却在减弱。此外，贺菊煌（1998）利用生命周期假说研究发现，消费和储蓄的比例取决于人们对未来收入的预期，当未来收入预期增加时，消费增加，储蓄率降低。殷善福（2009）的研究结果表明，农村居民消费与收入的关系符合绝对收入假说和持久收入假说，而相对收入假说和生命周期理论未通过检验。同样，余永定和李军（2000）的研究结论是，由于中国资本金融市场尚不完善，生命周期假说和持久收入假说对中国消费者行为没有做出良好的解释。

其次，许多学者都把人口特征因素置于生命周期的框架中进行研究，主要关注人口老龄化对消费的影响，它会影响居民的劳动供给、储蓄行为、消费需求和社会保障等方面。有学者认为人口老龄化阻碍消费支出，因为老年人口的收入水平低于年轻人口，或者因为老年人口的替代效应大于财富效应（JiangY.II. 和 FengC.，2018;Xu，G. 和 Zhao，X.，2021；穆怀中，2023）。然而，近年来也有很多学者通过对老年人消费类别的详细研究发现，老龄化促进了养老产业、家政服务业、医疗保健行业以及老年旅游产业等生活性服务行业的转型升级，进而促进了居民消费结构的升级（汪伟，2015；徐瑾等，2023）。不过，也有学者基于30个省份的实证数据，认为目前人口老龄化对消费升级整体还处于抑制作用为主（尚婷等，2023）阶段。

再次，随着传统权威理论对于中国居民消费储蓄的解释失语，学者们也纷纷以消费理论为框架，通过一系列不确定性和消费者跨时间选择的分析角度来研究中国居民消费不足问题。这些因素包括居民对未来收入和支出的预期（臧旭恒，1994；贺京同等，2022；后小仙，2023）、流动性约束和金融抑制（陈斌开和林毅夫，2012；姚健和臧旭恒，2021；张敏等，2022）、社会保障制度变迁（闫金山，2021；章成等，2022），以及经济发展不确定性等因素（LiM. 和 WangJ.，2021；傅联英等，2022；何丹龙，2023）。对于这些因素的研究仍在进行中，并且在不同的研究中得出了不同的结论。

总体而言，这些研究为我们理解中国居民消费不足问题提供了有价值的经验研究，但在理论框架、方法论和数据可用性等方面还存在一定的差异和局限性。进一步的研究可以综合考虑这些因素，并结合实际情况，以更全面和准确地解释中国居民消费行为的特点和趋势。

## 二、收入视角

在研究中国居民消费不足时，学者们从收入视角出发，探讨了以下几个关键因素。

（1）收入水平、收入分配和收入差距。中国居民劳动收入在国民收入中的比重下降是导致居民消费不充分的主要因素之一（钞小静和廉园梅，2019）。而个人收入差距与居民消费的关系，一方面表现为收入差距的扩张抑制了居民消费。金烨等人（2011）利用中国城镇住户调查数据的实证研究表明，收入差距的增大显著降低了家庭对教育以外的其他消费支出。低收入家庭和年轻家庭对消费的抑制作用较为显著，但可以激励他们增加教育投资。另一方面，收入差距拉大会使居民消费需求增加的理论源于"相对收入假说"，人们倾向于"向上看齐"，低收入者的攀比效应、炫耀性消费心理和提升社会地位动机会促使家庭购置更大的房屋、增加礼金支出等行为，从而增加家庭债务（周广肃等，2018；尹志超等，2021）。改革开放以来的金融发展与城乡分割的二元体系深刻影响收入差距与居民消费之间的关系。其中，城乡的收入差距抑制了居民消费结构升级，消费倾向是城乡差距影响居民消费转型升级的中介因子（王泽昊等，2022）。

（2）非工资性收入和财产性收入。不同的收入来源和结构可能影响居民的消费行为。王湘红（2022）基于行为经济学，用中国家庭跟踪调查 CFPS（China Family Panel Studies，CFPS）数据，探讨了收入结构对家庭消费的影响，发现非工资性收入的消费倾向高于工资性收入，转移性收入和财产性收入的消费倾向显著高于工资性收入和经营性收入。党雪等（2020）的研究基于我国 30 个省市2007—2017 年的面板数据实证结果显示，财产性收入来源的多样性和差异性对居民消费水平产生了显著影响。具体来说，人均股息收入、人均股息与红利收入、人均出租房屋收入、人均其他财产收入、人均转移性收入等因素对居民消费水平有积极的促进作用，而居民消费价格指数对消费水平具有一定的抑制作用。易行健等（2023）基于中观层面的汇总数据进行了实证检验，发现财富差距对居民消费的制约作用高于收入差距，财富差距可以解释中国居民平均消费倾向下降的 58.6%。

（3）收入增长率和波动性。居民收入增长率和波动性会影响他们对未来收入的预期，从而影响消费决策，中国居民对未来收入增长的预期过高和波动的预期过高都会导致过度储蓄（李文星，

2008；张晓波等，2009）。尤其收入波动加剧会导致家庭杠杆率上升，而杠杆率的高低会影响家庭收入对消费的影响。高负债家庭的消费更容易受到收入波动的冲击，而以消费为目的借贷家庭的消费水平会更高（李冠和陶帅，2022）。在构建新发展格局和扩大内需的背景下，应该注重收入增长对消费升级的促进中分配结构的影响作用，并且要控制资产价格、降低教育成本、保持开放态势和优化财政支出，进而扩大消费的长效机制（乔榛和徐宏鑫，2023）。

## 三、消费不足相关的其他视角

学者们对消费不足的研究，除了关注生命周期视角和收入视角外，认为消费不足还受到宏观经济政策、消费文化和消费习惯等因素的影响。一方面，税收制度、社会保障制度、最低工资制度等都会影响居民的可支配收入和相对收入水平，从而对消费行为产生影响（王静，2018；刘怡和赵煦风，2021；金岳等，2022）。另一方面，积极财政政策对中国经济增长起到有效带动作用，但也造成了政府部门的储蓄率上升，导致居民储蓄率偏高（李广众，2005）。而蒙昱竹等（2021）探讨了政府财政支出对居民消费的直接影响，以及城市化在其中的中介效应和调节效应。发现政府财政支出有直接负向"挤出"居民消费的效果，但也有滞后的正向"挤入"居民消费的效果，而城市化能够削弱"挤出"效应，增强"挤入"效应。樊慧霞和张艺川（2021）立足数字经济时代居民消费的新型特征，探讨了税收政策对居民消费质量提升的促进作用，提出了多维度的税收政策建议，为数字经济时代下分析宏观政策对居民消费转型升级的影响提供了新的思路。此外，中国独特的传统文化理念中的节俭和不负债消费习惯，以及消费者的短视行为，也是影响消费不足的重要因素（赵春玲，2016；杨阳，2019；胡荣和林彬彬，2019）。

可见，学界虽然在收入水平、收入分配、收入波动等因素、预防性高储蓄动机之外，还将人口结构、宏观经济政策冲击、消费文化与家庭偏好等因素纳入影响居民消费行为进行研究，但结论并不一致，这与微观数据不足不无关联。作为一个微观家庭单元组成了消费总体，不同于西方独立人格观念，中国家庭已婚子女不仅需要为养育下一代花费大量精力和资金，还必须承担起对长辈的赡养责任与义务。当家庭养老和社会养老同时存在的情况下，居民消费储蓄动机以及消费行为在不同收入、区域以及城乡间呈现出极强的异质性特征，有必要利用代际扶持视角下的微观数据来进一步检验我国居民家庭消费行为的异质性特征。

## 第五节 从代际扶持角度研究我国居民消费问题

本节将从代际扶持的角度对我国居民消费问题进行研究。首先介绍代际扶持的内容、特征和动机，然后分别从"自上而下""自下而上"，以及"双向"三种方向分析代际扶持对居民消费的影响机制和路径。

## 一、代际扶持的概念和特征

代际扶持是指家庭成员之间在经济、情感、日常照顾等方面的互相支持和帮助。代际扶持已经是社会学和经济学等学科的经典命题。从实证上看，国内外一大批学者从理论出发对此进行了丰富的实证研究，考察了人口结构、人口质量、社会保障和代际扶持等因素之间的相互关系，为我国居民代际扶持提供了一种贴近实际的探索。我国完整家庭关系下，伴随着生命周期演变，某一经济主体不断向家庭成员提供生命周期内的代际互助，代际支持由自上而下的扶幼代际支持和自下而上的养老支持两部分组成（张倩，2019）。由未成年养大，到长大成人取得经济独立能力，再到养育子女、赡养长辈，上下左右世代所具有的经济互惠、生活互助，构成了连接家庭情感的有力纽带。成年人扶幼支持未成年人，赡养支持老年人，显示出强烈互助交换关系（王跃生，2016）。这种子代与父代间的双向扶持涵盖面很广，既包括赡养老人、扶幼子女的经济扶持，也有代际间的日常护理、情感扶持（王静，2020）。

代际扶持的动机可以分为利他动机和交换动机。利他动机是指家庭成员之间出于爱或道德责任而进行的无偿或无条件的支持。交换动机是指家庭成员之间出于利益或回报期望而进行的有偿或有条件的支持。不同的动机可能导致不同的支持行为和结果（宁满秀等，2015）。

## 二、自上而下的代际扶持与居民消费

自上而下的代际扶持是指父母向子女提供的支持，主要包括经济支持和情感支持。经济支持是指父母为子女提供生活费用、教育费用、医疗费用等方面的资金援助。情感支持是指父母为子女提供精神慰藉、心理咨询、道德教育等方面的情感关怀（孙鹃娟等，2017）。

那么，在影响消费与储蓄的诸多因素当中，自上而下的代际扶持如何影响居民消费呢？一些学者提出子女数量和家庭消费之间存在反比关系（Becker，1981；李晓嘉，2014；郑妍妍等，2013），认为儿童数量和质量具有替代关系，当收入受到一定限制时，儿童数量会挤占家长为每个儿童培养所投入的费用，家庭为每个儿童所进行的人力资本投资也随之降低，消费也随之降低。王建志等（2016）认为子女数量的增加增强了家庭未来耐心程度，改善了家庭时间偏好进而降低即期消费。子女数量的增加会增加抚养的负担，因此家庭会选择降低消费。而子女数量下降会减少家庭内父辈得到代际扶持所需要的潜在资源（王硕，2016；李菲，2021）。但在出生率逐渐降低的大环境中，平均家庭养育的儿童人数却有降低的趋势，仅就儿童人数而言，若儿童人数与家庭消费呈负相关的话，则我国居民消费率应倾向于提高，显然这与实际情况有很大的出入。关于子女数量对家庭消费的影响效应，较多学者认为两者正相关（王欢和黄健元，2015；王军和詹韵秋，2021），尤其现代家庭子代质量偏好程度上升对储蓄存在一定的挤出效应，儿童替代储蓄可能会提高家庭消费（黄志国等，2022）。而且孩子的增多也给抚养带来了更大的负担，因此家庭有可能会选择降低消费。其实，数量质量权衡模型的核心是，当孩子数量增加时，孩子质量水平的潜在价格上升，当家庭对孩子质量水平的投资增加时，孩子数量的潜在价格也随之上升，即家庭儿童数量和素质的决定是同步进行的（刘娜等，2020；吴卫星和王睿，2022）。

## 三、自下而上的代际扶持与居民消费

自下而上的代际扶持是指子女向父母提供的支持，主要包括经济支持和时间支持两方面（靳卫东等，2018）。经济支持与时间支持是子女赡养父母的两种不同形式，前者意在改善父母的物质生活条件；后者通过对父母的陪伴来给予父母精神和心灵上的慰藉（杨瑞龙等，2019）。

那么，在影响消费与储蓄的诸多因素当中，自下而上的代际扶持如何影响居民消费呢？一方面，由于老龄化和少子化的环境影响，居民往往通过储蓄养老来替代子女养老，以降低消费率并提高储蓄率（Modigliani&Cao，2004；尹鑫和王玖河，2023）。这种趋势与生命周期理论相符，生命周期理论认为人们在不同阶段要协调收入和支出，以实现平滑的消费路径。成年期的收入大于消费，从而产生储蓄，用于老年期的消费。因此，随着老年人口比例的增加，消费率可能下降，储蓄率增加（刘铠豪和刘渝琳，2016；孟令国等，2019）。另一方面，一些研究认为老龄化对消费并没有显著的影响（李文星等，2008），甚至有研究指出老龄化促进了消费增长和平均消费倾向的增加（毛中根等，2013；孟令国等，2019）。这些观点可能受到其他因素的影响，例如经济发展水平、社会保障制度的改革等。

此外，在中国社会公共保障制度改革所导致的不确定性下，家庭代际支持行为与居民消费行为之间也存在着相互关系。在生命周期理论和持久收入理论的基础上，这些研究得出结论：社会保障水平的提升有助于促进居民消费、减轻家庭赡养老人的压力，并减少预防性储蓄（Feldstein，1974；李婧和许晨辰，2020）。然而，也有学者提出社会保障政策的完善可能会减弱代际扶持力度（丁志宏，2017）。因为城市社会公共保障政策对代际扶持产生挤出效应，而子女的经济状况、受教育程度、排行以及居住距离等因素显著影响子女向父母提供代际扶持的次数。研究发现大部分城市地区的父母与子女之间经济往来较少（丁志宏，2014）。

综上所述，在自下而上的代际扶持视角下分析人口老龄化对居民消费的影响时，并没有得到一致的结论。这可能与经济发展水平、社会保障制度改革、个体差异等因素有关。进一步的研究可以考虑这些因素，并探讨它们对代际扶持与居民消费关系的影响。

## 四、双向代际扶持与居民消费

代际扶持是中国家庭代际关系构建的重要基础，也是影响居民消费的重要因素。在中国家庭中，父母与子女之间不仅有经济上的互相支持和帮助，也有情感上的互相交流和倾诉。这种双向代际扶持反映了家庭成员之间更加平等和互动的关系，也可能随着家庭成员的生命周期阶段和需求而变化（李翌萱，2020；孙靖凯等，2021）。

那么，在影响消费与储蓄的诸多因素当中，双向代际扶持如何影响居民消费呢？目前，关于这一问题的研究还比较少，但可以从以下几个方面进行分析。首先，双向代际扶持可能增加家庭成员之间的信任和亲密度，从而提高他们的幸福感和生活满意度，进而促进他们的消费倾向。其次，双向代际扶持可能降低家庭成员之间的负担和压力，从而减少他们的预防性储蓄和风险规避行为，进而促进他们的消费倾向（龙朝阳，2022）。再次，双向代际扶持可能增加家庭成员之间的资源共享和协同效应，从而提高他们的收入水平和消费能力，进而促进他们的消费倾向（曾旭晖和李奕丰，2020.）。最后，双向代际扶持可能影响家庭成员之间的消费偏好和结构，从而改变他们的消费模式和行为。例如，双向代际扶持可能促进家庭成员之间的共同消费或礼物交换，也可能促进家庭成员之间的教育投资或健康投资（张倩，2019）。

总之，双向代际扶持是一种现实存在且有重要意义的现象和趋势，它可能对居民消费有正向的影响。然而，这种影响可能受到家庭成员之间的关系质量、支持内容、支持频率、支持动机等因素的影响。因此，需要更多的研究来探讨这些因素对双向代际扶持与居民消费关系的影响。

# 第三章　生育政策变迁与居民消费变动趋势

 

中国自 20 世纪 50 年代开始实行计划生育政策。这一政策经历了多次演变和调整。在过去几十年中，中国的计划生育组织逐渐完善，政策也从单纯的节育发展为包括生育、生活和生产等方面的综合政策。随着改革开放的全面推进，计划生育政策加速了人口结构的转变。进入 21 世纪以来，我国人口结构发生重大变化，从高出生率向低出生率迅速转变，人口红利逐步消失，人口结构问题日益严重。人口与经济的发展相互依赖、相互影响，计划生育政策的实施必然影响城镇居民的生活支出。

# 第一节　生育政策演变历史及其实施效果分析

## 一、生育政策的发展阶段

1949 年以来，中国生育政策的演变，经历了从家庭自主到政府计划，从鼓励到严控再到放松的五个阶段[①]。

### （一）鼓励生育阶段（1949—1953）

这个阶段是新中国成立初期，由于战争和灾荒等原因，我国人口数量和素质都很低。当时的中国经济和社会生产力也很落后，需要依靠广大人民群众自觉地进行生产斗争和阶级斗争，才能实现国家的建设和发展，而这一切都需要大量人口的支持。因此，新中国成立之初的人口生育政策主要是"鼓励"政策（汤兆云，2010）。政府鼓励生育，提倡多生多养，认为人多是一种优势，可以促进社会主义建设和革命事业。在这个阶段，没有实行任何限制生育的措施，反而给予生育者一定的优惠和奖励。例如，政府给予生育者一定的物资补贴、医疗保障、住房安排等。同时，政府也禁止或限制了节育及人工流产等措施。

### （二）计划生育政策的初级阶段（1954—1970年）

我国经济恢复和发展，人口数量快速增长。新中国首次人口普查显示，我国总人口已超过 6 亿，远超预期。仅 1953 年至 1964 年间，

---

① 根据《中国生育报告 2022》和沈漱、王玲于 2019 年发表的《互动式发展：新中国成立 70 年来生育政策与生育保障的演进及展望》，本书综合了不同的划分方法，把中国生育政策重新划分成五个阶段。

我国总人口从 6 亿增加到 7 亿多，对国内资源和经济造成巨大压力，引起决策者和学者的关注。政府开始提倡节制生育，但效果不理想。这阶段的政策反复调整，缺乏明确和稳定的方针。特别是在"大跃进"和三年困难时期后，人口问题更加突出。政府提出计划生育的呼吁，并在一些地区试行。然而，由于各种原因，措施的效果不佳。毛泽东等中央领导以及人口学家马寅初都曾提出"晚婚、晚育、少生、优生"的口号，强调控制生育。政府推行宣传计划生育知识、推广节育器具、提倡避孕药物等措施（路遇，2009）。

### （三）计划生育政策的形成阶段（1971—1980 年）

这个阶段的主要方针是"晚，稀，少"。由于"文化大革命"导致社会动荡和经济滑坡，人口和经济发展的不平衡加剧了两者间的矛盾和压力（任慧玲，2019）。"晚、稀、少"方针是在人口压力大的情况下，1973 年由政府正式出台并向全国推广的。这一方针主张夫妻双方结婚年龄延迟到 25 岁以上，生育间隔延长到 4 年以上，生育子女数控制在 2 个以下。1978 年 3 月，"国家提倡和推行计划生育"首次被写入《宪法》，并在全国严格执行。1978 年 10 月，中央《关于国务院计划生育领导小组第一次会议的报告》中明确提出"提倡一对夫妻生育子女数最好一个，最多两个"。这是我国开始实施"独生子女"政策的前奏，也是为了适应我国经济建设和社会发展的需要。1980 年年末，我国逐步发展到"晚婚""晚育""少生""优生"等人口政策。

## （四）全面实施计划生育政策阶段（1980年年末—1984年年初）

这个阶段，通过实施"晚、稀、少"的改革方针，计划生育取得了良好效果。然而，由于人口众多和人口增长惯性等因素的影响，1979年总人口达到了9.6亿。为了实现20世纪末人口总数不超过12亿的控制目标，必须采取更加严格的生育限制措施（马小红和孙超，2011）。因此，我国于1980年提出了"一对夫妻生育一个子女"的政策，并在同年的《婚姻法》中明确规定：夫妻双方都有义务响应计划生育。1980年9月，中共中央发表《中共中央关于控制我国人口增长问题致全体共产党员、共青团员的公开信》，标志着我国开始进一步收紧生育政策，将1970年代"两个正好"转变为严格控制生育第二个孩子和独生子女政策。1982年12月通过的宪法第二十五条规定"国家推行计划生育"，第四十九条规定"夫妻双方有实行计划生育的义务"。

## （五）生育政策进入多元化阶段（1984—2011年）

这个阶段是我国人口控制目标在20世纪末期得以实现的阶段。由于"独生子女"政策使广大人民群众的生育意愿受到抑制，从而造成性别比失衡等负面影响（蓝嘉俊等，2019），政府开始对计划生育政策进行调整和完善。在这个阶段，我国出台了多种灵活的生育政策，以适应不同地区和人群的需求（沈澈和王玲，2019）。例如1984年4月，中央7号文件提出"开小口，堵大口"，农村可以适当放宽生育二孩的条件，开始在全国19个省的农村实行"一孩半"

政策，即如果第一个孩子是女孩，夫妻可以再生一个孩子。这是为了缓解农村地区的重男轻女现象和劳动力不足问题。

此外，于 2001 年 12 月 29 日全国人大常委会通过并于 2022 年 9 月 1 日起施行的《中华人民共和国人口与计划生育法》规定，符合法律、法规规定条件的夫妻可以要求安排生育第二个子女的具体办法由省、自治区、直辖市人民代表大会或者其常务委员会规定。根据这一规定，2002 年起，我国在各地陆续展开"双独二孩"政策，即如果夫妻双方都是独生子女，可以再生一个孩子，严禁超计划二孩和多胎。这是为了缓解城市地区的老龄化问题和人口结构失衡问题。

### （六）生育政策逐步完善阶段（2011年至今）

伴随着我国社会经济发展，特别是 2010 年后，我国人口趋势出现重大变化，人口结构性问题已成为我国人口发展中的主要突出矛盾，劳动年龄人口减少，人口红利渐弱，而人口出生率却一直持续走低。同时，中国的老龄化也有加快的趋势，并且，中国人口老化的速率已远远高于国际平均值，老年人口数量巨大、增速快，养老保障压力日益加大。由于家庭结构变化等原因，空巢老人比例越来越大。因此，人口问题成为影响、制约我国社会与经济发展的重要因素。许多学者在调查中都指出，计划生育的发展亟待调适，"机不可失，失不再来"，必须改变我国的人口发展走向。

为了适应人口与经济发展的新情况，2011 年 11 月，全国各地全面实行"双独"二孩生育政策，即如果夫妻双方都是独生子女，可以再生一个孩子。2013年11月，"坚持计划生育基本国策"，启动实施一方是独生子女的夫妻可以生育二孩的政策。2014年1月1日，"单独生育二孩"政策在全国各地正式落地实施。

表3-1　各省级行政区推行"单独二孩"政策实施时间表

| 序号 | 地区 | 实施时间 | 序号 | 地区 | 实施时间 |
|---|---|---|---|---|---|
| 1 | 浙江省 | 2014年1月17日 | 16 | 吉林省 | 2014年3月28日 |
| 2 | 江西省 | 2014年1月18日 | 17 | 江苏省 | 2014年3月28日 |
| 3 | 安徽省 | 2014年1月23日 | 18 | 湖南省 | 2014年3月28日 |
| 4 | 天津市 | 2014年2月14日 | 19 | 云南省 | 2014年3月28日 |
| 5 | 北京市 | 2014年2月21日 | 20 | 福建省 | 2014年3月29日 |
| 6 | 广西 | 2014年3月1日 | 21 | 内蒙古 | 2014年3月31日 |
| 7 | 上海市 | 2014年3月1日 | 22 | 黑龙江省 | 2014年4月22日 |
| 8 | 陕西省 | 2014年3月1日 | 23 | 贵州省 | 2014年5月17日 |
| 9 | 四川省 | 2014年3月20日 | 24 | 宁夏 | 2014年5月28日 |
| 10 | 重庆市 | 2014年3月26日 | 25 | 山西省 | 2014年5月29日 |
| 11 | 甘肃省 | 2014年3月26日 | 26 | 河北省 | 2014年5月30日 |
| 12 | 辽宁省 | 2014年3月27日 | 27 | 山东省 | 2014年5月30日 |
| 13 | 湖北省 | 2014年3月27日 | 28 | 海南省 | 2014年6月1日 |
| 14 | 广东省 | 2014年3月27日 | 29 | 河南省 | 2014年6月3日 |

续　表

| 序号 | 地区 | 实施时间 | 序号 | 地区 | 实施时间 |
|------|------|----------|------|------|----------|
| 15 | 青海省 | 2014 年 3 月 27 日 | 30 | 中国人民解放军 | 2014 年 7 月 1 日 |

数据来源：根据各地区公布数据整理所得

　　但是，由于"二孩"政策的实施受到了冷遇，生育意愿持续下降，2015 年的新生儿非但没有上升反而下降，这说明中国的生育率之低比之前的预测要严重得多。为了解决这个问题，我国在生育政策方面做了进一步的调整与完善，2015 年 10 月党的十八届五中全会决定：坚持计划生育的基本国策，完善人口发展战略，全面实施一对夫妻可生育两个孩子政策。至此，"独生子女"政策在中国大陆正式废除。2015 年 12 月，《中华人民共和国人口与计划生育法修正案》通过，并于 2016 年 1 月 1 日起施行。这是我国第二次对《人口与计划生育法》进行修改，并将"一对夫妻可以生育两个子女"的规定写入法律。目的是提高生育率和将总和生育率维持在合适的范围内，相关部门对我国人口政策进一步调整，且在 2017 年出台了《国家人口发展规划 (2016—2030)》。

　　另外，在 2021 年 5 月 31 日的《关于优化生育政策促进人口长期均衡发展的决定》审议中，中共中央政治局提出"一对夫妻可以生育三个子女"的政策，并支持有条件地开展试点工作。这是为了应对我国低生育水平和老龄化加剧等问题，并促进优化人口结构和提高人口素质。

## 二、生育政策实施效果分析

### （一）生育政策对我国人口发展的历史作用

### 1. 促进了人口再生产类型的转变

人类社会在经济和文化方面不断发展进步的同时，也伴随着人口发展规律的变化。一般而言，人口发展会经历三个阶段：第一阶段是出生率和死亡率都很高，总和生育率（TFR）维持在较高水平；第二阶段是死亡率下降，出生率仍然较高，TFR 逐渐下降；第三阶段是出生率和死亡率都降到较低水平，TFR 达到或低于替代水平。我国在经济发展和计划生育政策的双重作用下，实现了从第一阶段到第三阶段的快速跨越。相比之下，世界上其他国家的人口转型过程则相对缓慢。例如，丹麦从 1780 年到 1930 年花了 150 多年才完成了这一过程，而我国从 20 世纪 50 年代开始实施计划生育政策，并在 1979 年推行独生子女政策，使得我国在 50 多年内就完成了从"高、高、低"到"低、低、低"的人口结构转变。

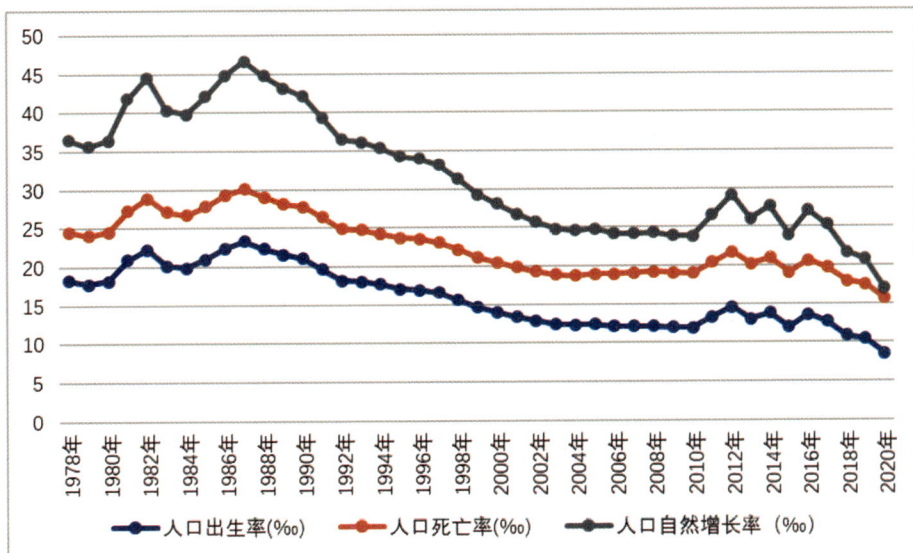

数据来源：国家统计局[1]

图3-1　1949—2018年人口自然变动情况

### 2. 提高了人口质量

人口质量[2]是全面了解和改造世界的条件与能力，计划生育政策对提高我国人口质量有着积极作用。一方面，在计划生育政策指导下，家庭对子女数量和质量都有了更合理的选择。家庭可以把更多的资源投入到子女的养育和教育上，从而提高了子女的身体健康和文化水平。另一方面，计划生育政策也促进了妇女的健康和权益。通过国家的宣传和教育，妇女更加了解和掌握了现代避孕技术，减

---

[1]　1981年及以前人口数据为户籍统计数；1982、1990、2000、2010年数据为当年人口普查数据推算数；其余年份数据为年度人口抽样调查推算数据。总人口和按性别分人口中包括现役军人，按城乡分人口中现役军人计入城镇人口。

[2]　根据指标的可量化性和数据可得性，本书研究的人口质量是指人口身体健康素质和人口教育科技素质。

少了意外怀孕和流产的风险，保护了妇女的身体健康。同时，计划生育政策也提高了人们对生育的责任感和质量意识，使得每一个生命都更加珍贵和健康。

随着我国经济社会的快速发展和改革开放的不断深入，我国人民的生活水平和健康需求也不断提高。这也反映在人口素质和健康水平的多方面改善上。一是居民的营养状况有了显著改善，家庭膳食结构更加合理，儿童的生长发育水平有了明显提升；二是居民的寿命有了大幅延长，人口平均预期寿命从 1949 年的 35 岁增加到 2020 年的 77.93 岁 [①]，中国已经成为全球"长寿国家"之一，也是全球平均预期寿命延长最迅速的国家之一；三是婴幼儿死亡率有了持续下降，2019 年全国婴儿死亡率为 5.4‰，比 2010 年下降了 2.1‰；四是受教育人口有了快速增长，居民平均受教育年限有了明显提高。据统计，1982—2020 年间我国人均受教育年限增加了 4.91 年，全国人口中，15 岁及以上人口的平均受教育年限达到 9.91 年 [②]。总体上看，我国居民平均受教育年限已经超过初中毕业水平，并且还有进一步提升的潜力。

### 3. 减轻了经济发展的压力

新中国成立之初，由于经济基础薄弱，生产水平低下，供给能力不足，加上人口迅速增长（除了 1959—1961 年的"三年困难时期"

---

① 数据来源于国家统计局网站：http://data.stats.gov.cn。

② 数据来源于国家统计局发布的《2021 年全国人口普查公报》。平均受教育年限是将各种受教育程度折算成受教育年限计算平均数得出的，具体的折算标准是：小学 =6 年，初中 =9 年，高中 =12 年，大专及以上 =16 年。

外），导致了社会总供给和总需求之间的严重失衡。总需求由投资需求和消费需求构成，其中投资需求是用于扩大再生产的资金或物资的需求，而消费需求是用于满足人们生活需要的商品或服务的需求。在总供给一定的情况下，要缓解供需矛盾，就必须降低消费需求。而影响消费需求最主要的因素就是人口规模。因此，控制人口增长是解决供需矛盾的关键。我国从 20 世纪 50 年代开始实施计划生育政策，并在 1979 年推行独生子女政策，有效地遏制了人口过快增长的势头，减轻了经济发展和社会保障方面的压力（李建伟和周灵灵，2018）。

### 4. 利用"人口红利"促进了经济增长

"人口红利"是指在一定时期内，由于人口结构变化而带来的对经济增长有利的影响。我国在 20 世纪 80 年代以后进入了"人口红利"阶段，这对我国的经济发展起到了重要作用。其主要表现在以下几个方面：一是劳动力供应充足。由于计划生育政策的实施，我国出生率下降，儿童依赖比降低，劳动适龄人口比例增加。这为我国提供了大量廉价而富有活力的劳动力资源。特别是在"二元"经济结构下，大量农村剩余劳动力转移至城镇和沿海地区，参与了非农产业和外向型经济的发展。二是储蓄率提高。由于老龄依赖比也较低，中间年龄段（15~64 岁）人口占总人口比重较高，在收入增加和社会保障制度不完善的情况下，这部分人口倾向于增加储蓄以应对未来风险和消费需求。这为我国提供了充裕而稳定的资金来源。三是生产率提高。由于教育水平和技术水平不断提高，以及市场化改革和开放政策的推进，我国劳动力的素质和效率都有了显著提升。这为我国实现从要素驱动向创新驱动的经济转型奠定了基础。据研究，我国从20世纪90年代开始，就已经步入了"人口红利"时代，"人口红利"对我国经济增长的贡献率达到了15%左右（陈东升，2020）。然而，"人口红利"并不是永久的。随着我国人口老龄化的加速，劳动力供应开始出现紧缩。2010年，我国劳动适龄人口比重达到了74.5%的峰值，而总抚养比则在2010年的34.2%的最低点后持续上升。这意味着，我国"人口红利"正在逐渐消退，经济增长面临着更大的压力。

**5. 计划生育政策促进了女性地位的提升**

计划生育政策不仅控制了人口数量，也改变了人口质量。在这方面，女性是最大的受益者。根据妇女人口学的研究，很多学者认为，实行计划生育政策，并倡导少生、优生、晚生等理念，有助于提高妇女在家庭和社会中的地位和权益。因为妇女可以减少生育的次数和风险，有更多的时间和机会参与教育、就业和社会活动（张霞，2017；郑真真，2019；石智雷和杨雨萱，2019）。提升了女性的社会地位和生育质量的同时，其反过来也促进了生育率的下降（计迎春和郑真真，2018）。此外，女性的文化教育程度也是影响其工作性质和收入水平的一个重要因素。据统计，1982—2016年间我国人均受教育年限增加了4.08年，其中男性增加了3.15年，而女性增加了4.93年（李建伟和周灵灵，2018）。这说明我国妇女的文化水平虽然仍然低于男性，但是差距正在缩小，并且妇女的工作能力和质量也在不断提高。

## （二）生育政策带来的挑战

### 1. 生育意愿持续下降

自 20 世纪 90 年代起，由于计划生育政策的实施以及经济社会发展等因素的影响，中国人口增长速度明显放缓，1993 年总和生育率降至 1.8 以下，首次低于人口更替水平。这标志着中国人口增长模式发生了根本性的转变。2020 年第七次全国人口普查（简称"七普"）数据显示，全国总和生育率仅为 1.3，考虑到"全国育龄妇女分年龄、孩次的生育状况"，计算得出 2020 年总和生育率为 1.296。虽然这个数字比 2010 年第六次全国人口普查时的 1.18 略有上升，但在世界范围内仍然处于较低水平。

从各地区来看，"第五次人口普查"统计结果表明，除了贵州以外，其他地区的总和生育率都低于人口更替水平，其中有 13 个省份的生育率为低水平（1.2~1.8），有 14 个省份的生育率为超低水平（低于 1.2）；据"第六次人口普查"调查结果表明，全国各省市的人口更替水平都在 1.8 以下，17 个省低于 1.2，属于超低生育率水平。而根据"第七次人口普查"数据显示，除贵州省总和生育率（2.12）还在更替水平，广西（1.94）和西藏（1.93）两省区总和生育率在 1.8 以上外，其余所有省区市生育率均低于 1.8，其中 16 个省份介于 1.2 ～ 1.8 之间，7 个省份介于 1.0 ～ 1.2 之间，最低的黑、吉、辽，以及北京、上海、天津 6 个省份总和生育率已经低于 1.0。

### 2. 面临着人口结构失衡的问题

在本书中，"人口结构"主要是指按照年龄和性别来划分的不同群体在总人口中所占的比例。从这个角度来看，我国目前存在着两方面的失衡现象：

（1）人口性别比失衡：在人口性别结构变化中，最常见的两种指标分别是出生性别比率和人口性别比率。总体而言，妇女的平均寿命要比男子长，也就是说男性的死亡率要比女性高。结果表明，出生后随着年龄的增长，分不同年龄的性别比率会逐步下降。若把0 ~ 10岁按年龄性别比率大致看作出生性别比率，则自1980年以来，我国人口出生性别比率呈现逐年增加的趋势，1984年开始出现第一个出生性别比率异常，到2010年更是进一步恶化，一孩的出生性别比率达到113.73。1955年10月联合国编制的《用于总体估计的基本数据质量鉴定方法Ⅱ》将出生性别比率的普遍数值范围划定为102至107之间，高于或低于定义值范围即为不正常。

（2）人口年龄结构老化：从人口年龄结构可以了解我国的人口再生产状况和发展趋势，也可以评估人口的抚养负担。近年来，由于生育率下降和寿命延长等因素，我国人口老龄化问题日益突出，年龄结构呈现出"金字塔"向"钟形"转变的特征。根据联合国的预测，我国人口中位数（即将总人口分为两半的年龄点）在2050年将达到49.6岁，接近日本（53.3岁）和欧美国家（40多岁）的水平。这意味着我国人口老龄化程度将非常高。根据2016年的全国人口抽样调查数据显示，我国儿童（0~14岁）占总人口的16.6%，老年人

（60 岁及以上）占总人口的 16.7%，劳动力（15~59 岁）占总人口的 66.7%。国家卫生健康委员会老龄司司长王海东在新闻发布会上透露，预计"十四五"时期，我国老年人口将突破 3 亿，占总人口的 20% 以上，进入中度老龄化阶段。而到 2035 年左右，老年人口将达到 4 亿以上，占总人口的 30% 以上，进入重度老龄化阶段。我国人口老龄化面临着"数量多、速度快、差异大、任务重"的挑战。

**3. 面临着劳动力供应不足和老龄化加剧的问题**

劳动年龄人口是指能够参与社会生产活动并创造经济价值的 15 ~ 59 岁之间的人口。这部分人口对一个国家或地区的经济发展和社会进步具有重要作用。然而，我国目前正面临着劳动年龄人口数量减少和质量下降的双重挑战。

（1）劳动年龄人口数量减少：自 20 世纪 50 年代以来，由于计划生育政策和经济社会发展等因素的影响，我国劳动年龄人口呈现出先增后减的变化趋势。2013 年是我国劳动年龄人口数量达到峰值的一年，为 101 041 万人，占总人口的 74.5%。此后，劳动年龄人口数量开始逐渐下降，2014 年为 100 469 万人，比 2013 年减少了 572 万人，2018 年为 98 004 万人，比 2014 年减少了 2 465 万人（睢党臣等，2020）。根据 2020 年第七次全国人口普查（简称"七普"）的数据显示，2020 年我国 16~59 岁的劳动年龄人口为 8.82 亿，占总人口的 62.5%。与此同时，我国 0 ~ 15 岁的未来劳动力仅为 2.63 亿，占总人口的 18.6%。这意味着，在未来一段时间内，我国将面临着劳动力供应不足的问题。

（2）劳动年龄人口质量下降：除了数量上的减少，我国劳动年龄人口还面临着结构上的老化和素质上不足的问题。根据"七普"数据显示，2020年我国60岁及以上的老年人口为2.67亿，占总人口的18.9%，其中65岁及以上的老年人口为2.01亿，占总人口的14.2%。与2020年相比，我国0~15岁的人口下降了528万，16~59岁的人口增长了247万，60岁以上的人口增长了329万，65岁以上的人口增长了992万。值得注意的是，16~59岁的劳动年龄人口增长，很大程度上是由于1961年出生的人口数量减少造成的。与2020年相比，60岁以上人群比例增加0.2个百分点，65岁以上人群比例增加0.7个百分点，老龄化程度进一步加剧。这意味着，我国劳动年龄人口中，中老年人口占比越来越高，而青壮年人口占比越来越低。这对我国劳动力市场和社会保障系统都带来了巨大压力。此外，我国劳动年龄人口的教育水平和技能水平也有待提高。根据"七普"数据显示，2020年我国劳动年龄人口中，大学及以上学历者仅占22.4%，高中及中专学历者占28.5%，初中及以下学历者占49.1%。这说明我国劳动年龄人口中，低学历者仍然占据较大比例，而高学历者相对不足。这对我国实现经济转型和创新发展不利。

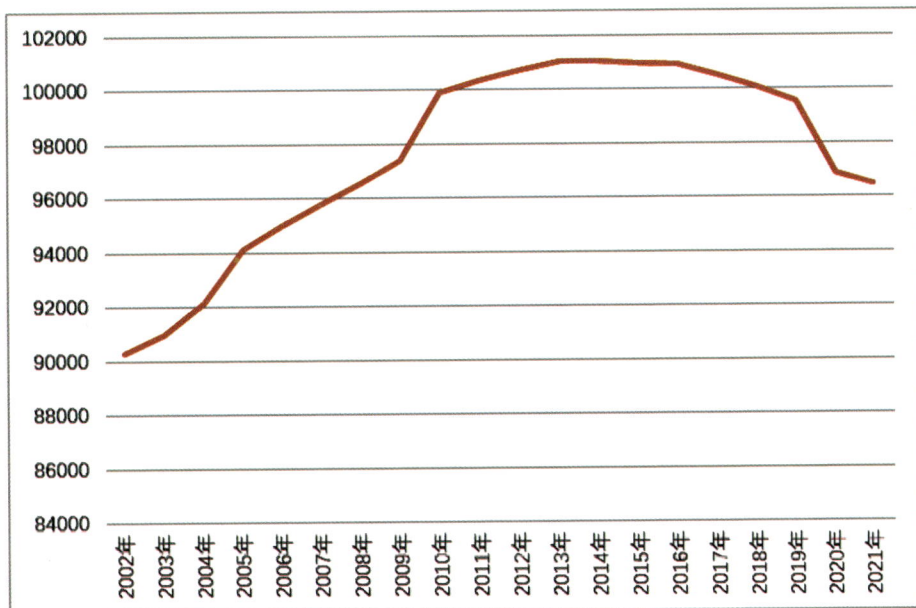

数据来源：第七次全国人口普查数据

图3-2　2002—2021年十年间中国劳动年龄人数变化（万人）

### 4.独生子女家庭成为风险家庭

独生子女家庭是指只有一个子女的家庭。然而，这种家庭结构存在着一些潜在的风险和问题。根据人口学生命表数据，每千名婴儿中，在25岁以前死去的占到了0.5%，而55岁以前的达到了12.1%。这意味着，如果一个家庭只有一个子女，那么他们有一定的概率会遭遇失去唯一子女的悲剧。这种情况被称为"失独"。据估计，到2015年年末，我国有2亿多个独生子女家庭，到2050年可能会达到4亿个（穆光宗，2016）。如果不采取有效措施，我国将面临着大量的"失独"家庭，给社会和经济带来巨大的负担和压力。为了应对这个社会问题，我国政府从2015年开始放开了"二孩"政策，鼓励符合条件的夫妇生育第二个孩子。这一政策旨在增加人口数量和质量，缓解人口老龄化和劳动力不足的问题，同时也可以降低"失独"家庭的比例和风险。

## 第二节　中国居民消费结构的演变

### 一、居民消费结构的演变阶段概述

新中国成立之初，还处于落后的半殖民地半封建的经济和文化的基础之上，随着我国社会主义工业体系的建立，基础工业获得突飞猛进的发展，世界也见识到了什么是中国速度。在我国经济快速发展的背景下，人们的收入水平以及生活质量都得到了很大的提升。伴随着我国由计划经济向市场经济的过渡、对外开放和入世，我国经济与世界经济接轨，而世界经济与我国贸易密不可分，我国现在已是全世界唯一具有联合国产业分类所有产业门类的大国。中国在2010年已跃居为全球第二大经济体，GDP在2021年超过114万亿人民币，仅次于美国，实现了8.1%的实际经济增长速度。现如今，中国经济总量占世界比重的20%左右，30年前的1991年GDP比重仅占世界的1.6%。人均GDP约1.225万美元，超过了世界人均GDP水平，也逼近高收入国家门槛。

从消费的宏观层面看，自2014年以来，消费占GDP比重高于投入，之后就一直处于高位，1978年的国民生产总值由1978年的

223.84 亿美元增长到 2018 年的 9 764.95 美元，翻了 43 倍之多，年均增幅接近双位数。再看反映人民生活水平的消费结构，从前面分析可以看到，食品、酒、服装、居住消费构成了城市和农村消费的总体比例有所降低，特别是食品烟酒消费比例的下滑幅度最大。与此同时，交通、通信、医疗等领域的消费性开支也在持续增长。在消费者的现有消费状况下，其生活质量也在不断提高。例如，家庭的生活水平和食物品种的多样化，使他们更加重视营养和身体的健康，而主食的消耗则相对较低；在医疗、教育、文化娱乐、交通和通信等方面，消费者的生活质量都有相当显著的提升和改善。上述的发展趋向显示：中国人民已由衣食住行转向发展与享用的转变。随着中产阶级的不断壮大，他们对生活的要求也越来越高，他们的消费观念也从原来的"廉价"转向了"精神上的享受"，而在购买时，他们更倾向于选择高性价比、高品质的商品。

### （一）居民消费匮乏阶段——以基本生活消费为主（1978年前）

这一阶段，我国人民生活水平低下，消费水平低迷，消费品种单一，消费结构以食品为主，消费方式以自给自足为主。由于实行了计划经济和"凭票"制度，人们的服装颜色单调，款式千篇一律，没有季节之分，男女不分，哥哥的衣服，弟弟妹妹都能穿。一个人一年也很难买到两套新衣服，所谓"新三年，旧三年，缝缝补补又三年"（杜仕菊和程明月，2019）。城市公路还很简陋，交通工具非常匮乏，最常见的出行方式就是走路。一户人家能买一部单车当交通工具已经是一件很了不起的事情了。农村和农村的交通运输手段比较简单，以邮电为主要手段，服务水平较差。居民在日常生活中基本不需要花钱来进行交流。而居住在社区内的人们文化和休闲活动也比较单一，相关费用相对较低。因而，在改革开放前，我国城镇居民生活水平已经有所提高，但仍然处于较低水平，生活水平偏低，增长速度缓慢。那时由于我国经济基础落后、工业基础薄弱，在那个时期，城镇和农村的人均 GDP 平均为 326.6 元，农村人口只有 133.6 元，而恩格尔指数则是 57.5% 和 67.7%[①]。由此可见，那时的我国是贫穷的人口结构，人们的消费以满足基本的生存和生活需求为主。

### （二）居民消费由温饱型向小康型转变——以家电消费为主（1978—1991年）

1978 年以后，随着中国改革开放的实施，我国经济得到了快速增长，人民生活水平也有了显著提高。城乡居民收入来源和方式发生了重大变化，从单一的工资收入向多元化的财产性收入、经营性收入和转移性收入转变。城乡居民消费水平从满足基本生活需要向追求更高品质和更多样化的需求转变。城乡居民消费结构也发生了显著变化，从以粮食为主的食品消费向以肉类、蛋类、奶类等为主的非粮食消费转变；从以布匹为主的衣着消费向以成衣为主的服装消费转变；从以自行车、手表、缝纫机、收音机等为代表的"四大件"向以彩电、冰箱、洗衣机等为代表的"现代三件"转变；从以骑行和公共交通为主的出行方式向出租车、私家车等多元化交通方式转变。这一阶段被称为"温饱期"阶段，1991 年的城乡恩格尔系

---

① 数据来源于国家统计局。

数分别为 53.83% 和 57.6%（邹红等，2021），体现了城乡居民消费水平和生活质量的提高。这一时期大型家用电器进入中国市场，并成为城乡居民追求现代化生活方式和享受物质文化生活的重要标志。电器给生活带来了便利和舒适，也反映了城乡居民消费观念和行为的改变。

此外，在这一时期，随着市场经济的发展和商品供应的增加，城乡居民消费也呈现出一些新的特点和趋势。一是消费从众心理强，消费者缺乏创新和个性化的需求，而更多地受到社会舆论、广告宣传和周围人的影响，形成了一些排浪式的消费现象。二是消费对象的热点频繁转接，并保持快速更新，消费者对新产品、新技术、新品牌等有着强烈的好奇心和追求心，不断地更换和升级自己的消费品。三是消费出现了两次大众消费浪潮（杜仕菊和程明月，2019）：第一次是 1979 年后以农民为主力的工业消费浪潮，农民通过土地承包经营制度获得了更多的收入，开始购买自行车、手表、缝纫机、收音机等工业品；第二次是 1985 年以城市消费者为主力的消费品购买浪潮，城市居民通过改革收入分配制度获得了更多的收入，开始购买彩电、冰箱、洗衣机等家用电器。这些消费浪潮反映了城乡居民消费水平的提高和消费结构的升级，也推动了我国商品生产和市场发展。

**（三）居民消费向全面小康型转变——以信息化、电子化产品及服务性消费为主（1992—2011年）**

1992 年，以邓小平观察南方讲话为契机，我国经济体制改革进入了一个全面深化、重点突破、全面攻坚的新时期。这一时期，我国经济增长速度加快，城乡居民收入水平和生活质量都有了显著提高。城乡居民消费水平从追求更高品质和更多样化的需求向追求更高层次和更个性化的需求转变，城乡居民消费结构也发生了显著变化。从以食品、衣着、住房等为主的物质性消费向以教育、文化、娱乐等为主的服务性消费转变；从以家用电器等为主的耐用性消费向以电子计算机、手机等为主的信息化、电子化产品消费转变；从以自有住房等为主的固定资产投资向以旅游、健身等为主的休闲娱乐投资转变。这一时期信息化、电子化产品进入中国市场，并成为城乡居民追求现代化生活方式和享受精神文化生活的重要标志。信息化、电子化产品给生活带来了便利和智能，也反映了城乡居民消费观念和行为的改变，体现了城乡居民消费水平和生活质量的提高。表现为，居民的餐桌丰盛得堪比过去过新年，城市居民从"吃饱"向"吃好"过渡转变，注重科学的营养和饮食结构的合理搭配组合。城市和农村的穿着愈加讲究，愈加重视自我的修饰，强调品位、个性、时尚、美观，整体上表现出多姿多彩、千变万化的面貌。尤其进口品牌和外资合作品牌的进入，人们开始讲究品牌、追求高雅，衣橱中的衣物越来越时尚，常换常新。耐用消费品迅速普及，电子计算机、手机等开始进入万千家庭，并开始更新换代，推陈出新。随着人们的物质条件和闲暇时间的增加，城市居民在教育、文化、娱乐等方面的投资也在持续增加。当前，随着城镇居民的经济持续稳步发展，人们对文化、教育、娱乐等高水平的精神生活的要求日益增多，休闲娱乐、旅游健身，已成为新风尚，人们的精神生活越来越丰富多彩。"黄金周"在"假日经济"的推动下，逐渐发展成了新的经济增长点。

### （四）居民消费由全面小康向富裕型转变阶段——以住房、私人轿车为主（2012年至今）

进入新世纪，包括"最低工资保障制度"等在内的各项保障机制，实际提高了居民可支配收入，城镇居民平均每人可支配收入由2001年的6 824元上升至疫情发生之前2019年的42 359万元，平均每年实际增幅达到1万元；平均每人消费支出由2001年的5 350元上升至2019年的28 063元，年均实际增长7.2%[1]。与此同时，政府还推出了一批农业、粮食直接补助等政策，极大地激发了农户的生产热情，让农民经济更加宽裕。另外，政府十分关注改善人民生活环境，增加了对民生的投入，并在最近几年大力发展了廉租房和平价房，以求缓解民生问题。以前居住在简陋、拥挤的大杂院和平房，如今，一个个崭新的住宅区出现，一排排房屋鳞次栉比，人们从原来的老房子里搬到了宽敞明亮、设施齐全、装饰舒适、环境优雅、购物便利的新房子。各种风格的装饰与园林绿化使居住环境更加美化，新型家具、高档耐用品、现代设备等共同营造出一个温馨而又优雅的生活空间。在运输上，家庭小轿车已经走进了普通家庭，而快速公共汽车也走进了大都市，深受市民的喜爱。地铁和轻轨等新的运输工具已经开始应用；高铁、高速公路、空中航线迅速发展，

---

① 数据来源于国家统计局2020年2月28日发布的《中华人民共和国2019年国民经济和社会发展统计公报》。

四面八方都有了立体化的运输网络。21 世纪是高新技术快速发展的时代，人们的生活方式也随之向现代化、科技化方向迈进，技术水平不断提高，新产品和新品种不断出现。手机、电脑、汽车走进了普通的家庭。到 2019 年，城市居民平均每百户家庭拥有 247.4 部手机、72.2 部电脑、148.3 部空气调节器、43.2 辆家庭轿车[①]。2001 年，农民人均纯收入为 2 407 元，2017 年为 13 432 元，年平均每年增加 8.0%；消费支出从 2001 年的 1 803 元，到 2017 年的 10 955 元，每年平均增加 8.6%。2019 年城镇居民人均家庭设备用品及服务支出 28 063 元，是 1978 年 311 元的 90 倍以上。可见，城乡居民消费结构大幅升级，除了追求生活质量外，开始追求发展、享乐型的产品和服务，追求更有品质、更高档的生活。短短二十年，中国已经由"全面小康"迈向富裕阶段。

通过以上分析，我们可以看出，中国居民消费结构的转变，体现了中国人民生活水平的不断提高和消费需求的多样化。随着中国经济社会的进一步发展和改革开放的深入推进，中国居民消费结构还将继续升级和优化，向更高质量、更绿色环保、更智能便捷、更文化多元的方向发展。

## 二、从消费内容和形式看消费结构变化趋势

### （一）收入持续增加，恩格尔系数走低

随着我国经济社会的发展，居民收入水平不断提高，消费结构也发生了显著变化。从恩格尔系数的变化可以看出，居民消费结构

---

[①] 数据来自国家统计局网站：http://www.stats.gov.cn。

由以食品为主向以非食品为主转变，消费水平和质量不断提高。改革开放至今，城镇居民人均可支配收入持续增长，到 2021 年人均可支配收入达到 47 412 元，农村人均可支配收入 19 931 元，居民生活水平相应提高。数据显示，我国城市居民恩格尔系数由 1978 年的 57.5% 降至 2020 年前的 27.6%；农村居民恩格尔系数由 1978 年的 67.7% 降至 2020 年前的 30.0%，它表明，我们的人民已基本上从温饱走向小康，消费选择更多样化。

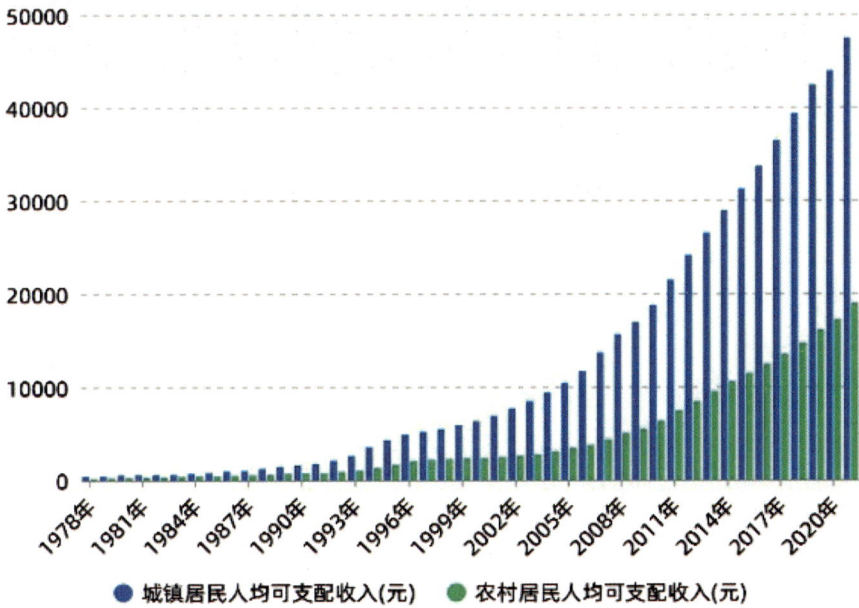

数据来源：国家统计局

图3-3　城乡居民可支配收入变化情况（1978—2021年）

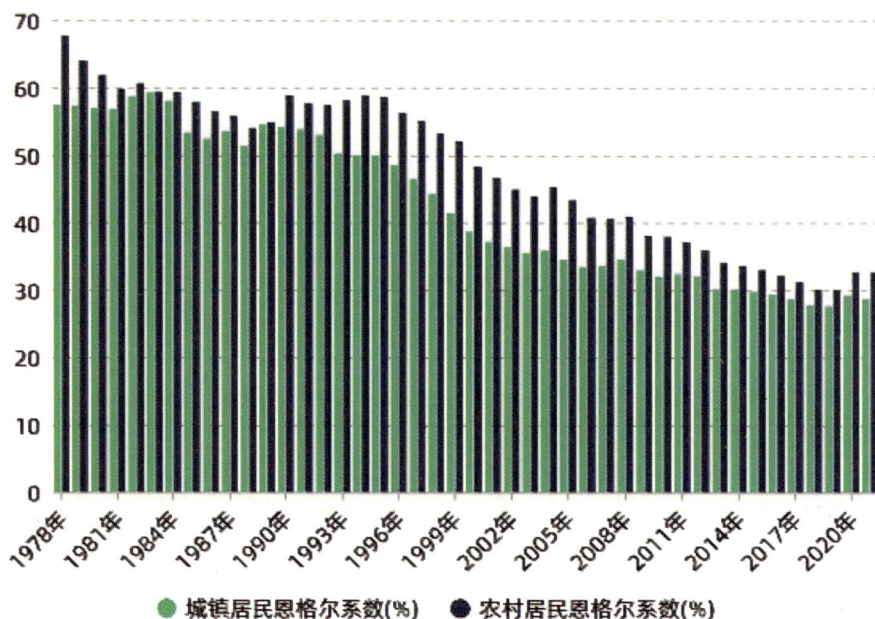

数据来源：国家统计局

图3-4 居民恩格尔系数变化情况

值得一提的是，近年来，中国农村居民年人均可支配收入增幅显著高于城市，相应的农民年人均消费支出实际增长率高于城市居民。这可能是因为房贷、房租、车贷压力比较轻，使得三线和乡村地区的消费者对消费的信心更足。据罗兰贝格统计，目前，九〇后在汽车销售市场上已逐步成为消费主力，三、四线城市甚至三、四线以下城市中，增长速度最快的是中端汽车消费市场，售价基本在8万～18万元之间的汽车，最受到三线以下城市汽车消费主体的欢迎。海淘购物平台洋码头发布的《中国海淘消费报告》显示，跨境电商的蓬勃发展，使得海外品牌消费品呈现大众化的消费趋势，与此同时，三四线城市居民爆发出比一线、二线城市居民更大的消费能量，移动互联网的普及，个人媒体与资讯高度分享，直播带货模式的普及化，使小城市消费群体热衷于海淘，并从吃穿用度全方位参与到购买优质产品中来。光大证券调查显示，小城镇年轻人在泛休闲娱乐领域的消费有显著提升，其中较为突出的是游戏类、直播类、短视频类、网络动漫类、网络阅读类、网络音乐类等，这也从侧面验证了非大城市消费在提升，三、四线城市及周边人群的消费升级速度在加快。

### （二）从八大类消费支出看消费结构变化趋势

国家统计局发布了关于城镇和农村居民消费支出数据，本书利用这八大类居民人均消费支出数据对我国居民消费结构变化进行了趋势分析。图3-5是1998年、2008年和2018年十年跨度城乡居民八大类支出占比面积变化图。

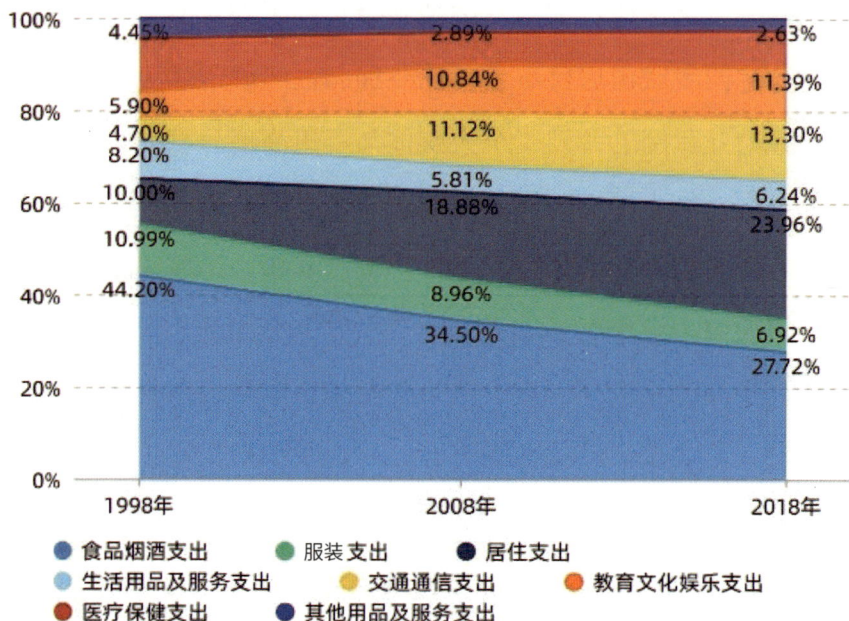

图3-5　城镇居民家庭八大类消费人均支出占比变化（1998—2018年）

　　在食品消费上，城市和乡村都出现了显著的下滑，区别在于城镇的食品消费比乡村的消费比例下降得快，而且在最近几年已经趋于稳定；而在乡村地区，食品消费的下降速度相对缓慢，但这两年来却有很大的降幅，甚至在其消费中的占比城市都要小。食物在消费中所占有的比例也被称作恩格尔系数（指数），而恩格尔系数（指数）可以用来测量一个国家或地区的富足水平。当人们变得更富有时，消费在食物上的比例会降低，恩格尔指数就会降低。所以，我国的粮食消费所占的比例一直在降低，这也是恩格尔系数的一个基本特征。

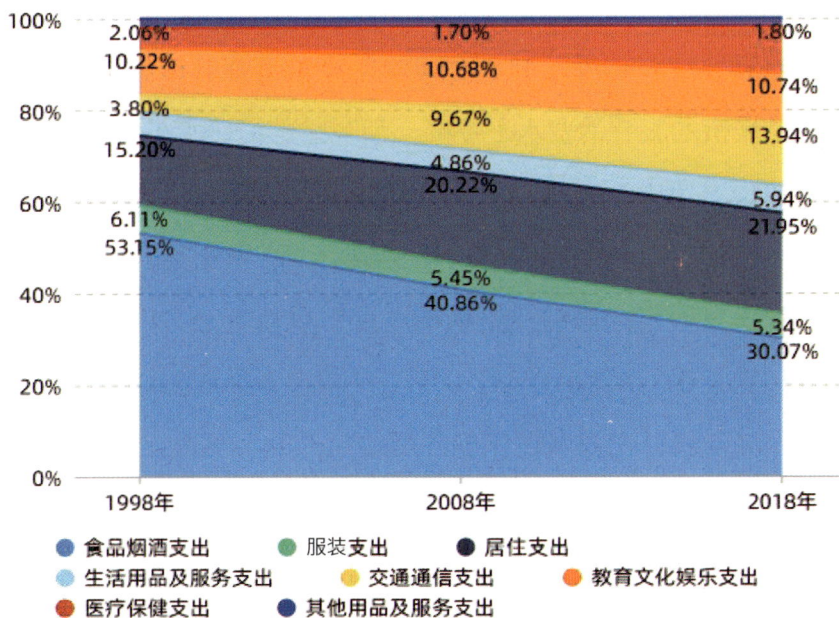

数据来源：国家统计局[1]

图3-6　农村居民家庭八大类消费人均支出占比变化（1998—2018年）

在服装消费上，城市居民的服装消费水平显著大于乡村居民，说明城市居民追求时尚和个性的意愿比乡村居民更强烈。根据《2020年中国服装消费报告》，城市居民对服装品牌的认知度和忠诚度都高于农村居民，他们更倾向于选择国际知名品牌、设计师品牌、独立设计师品牌等高端或个性化的服装产品。例如，ZARA，UNIQLO 等快时尚品牌在城市中拥有众多粉丝；GUCCI，LV，PRADA 等奢侈品牌也受到城市富裕阶层的青睐；而原创设计师品牌如周仰杰、王陈

---

①　注：服务性消费支出是指住户用于餐饮服务、教育文化娱乐服务和医疗服务等各种生活服务的消费支出。

彩霞、马可等也吸引了城市年轻人和文艺人士的关注。而乡村人口也在"追赶"城市，可见城乡之间的服装开支差异日益缩小，尤其近年来，城市的服装消费水平下降，而乡村的消费水平持续提高。

在住房消费中，农民的消费占比较大，近年来由于改革变化比较大。总体而言，城镇和农村的住房消费都有所增长。首先，对于乡村的人而言，新建房屋或更新房屋是一项耗资巨大的工程，在开始建设以前，他们要做数年的筹备工作。在国家加大财政、货币支持农业发展的同时，农民在住宅方面的投入也大幅增长，可以预计，在城市化进程中，住宅开支将成为主要的消费开支。其次，国家在住房方面也实施了一系列的政策和措施，以促进农村居民住房条件的改善和提升。例如，国家实施了农村危房改造工程，为符合条件的农户提供补助资金和技术指导，帮助他们建设安全、舒适、节能的新型农村住宅；国家推进了农村土地制度改革，允许农户以依法流转、出租、抵押、入股等方式处置自己的承包地和宅基地权益，这有助于增加他们的收入和财富；国家推动了农村集体建设用地入市，为符合条件的集体经济组织提供了更多的发展机会和空间，同时也为城镇居民提供了更多的住房选择[1]。

在日常消费品和服务业上，农村和农村的消费者均呈现出先降低后提高的特征。这也许是因为家用电器的耐用程度，比如彩色电视机，如果你买了它，它就不会再买了，除非你以后不想再买了。

---

[1] 内容参考住房和城乡建设部、财政部、民政部、国家乡村振兴局《关于做好农村低收入群体等重点对象住房安全保障工作的实施意见》建村〔2021〕35 号文件。

所以，我国居民日常消费和服务业消费出现了"先抑后扬"现象，很有可能是其自身的一种周期现象。

在通信费用上，城乡皆有增加的态势，尤其是通信技术的迅速发展，加上智能手机的广泛应用，新技术、硬件与软件的更新迭代，给居民消费带来了新的经济增长点。另外，高速铁路和城市间的铁路、轻轨建设也给了人们更多的选择。

在教育、文化和休闲消费上，城镇家庭消费的比例呈现出先有增长趋势，随后又趋于稳定的趋势。农村家庭消费的比例也是一样的高，但随后却大幅卜降，这在一定程度上国家的政策相关，我们国家为乡村学生的子女提供了很多的财政资助，从而为他们节省了很多的费用。

在卫生服务开支上，城乡皆有增长，十年来，乡村人口一直维持在高位，比城市更高。显示居民之健康意识随经济水平之增加而增加。根据国家医疗保障局发布的《2020 年全国医疗保障事业发展统计公报》，2020 年城乡居民卫生服务开支占可支配收入比重分别为 7.5% 和 9.5%，与 2010 年相比分别增加了 1.4 个百分点和 1.6 个百分点。这表明居民对健康意识随经济水平之增加而增加，但也反映了城乡医保待遇水平和城乡医疗服务水平的差异，造成乡村居民面临着较高的医疗负担。

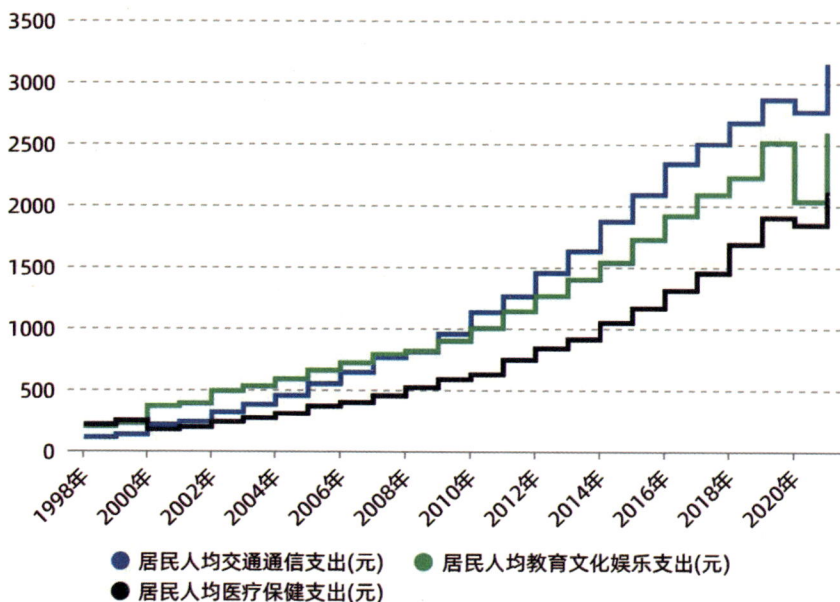

数据来源：国家统计局

图3-7　居民人均服务类消费变化趋势图

可见，居民在医疗保健、教育文化娱乐和交通通信消费品质上，都表现出相当显著的升级与优化趋势，这表明中国城乡居民消费已由基本的衣食住行向发展型消费转变。

**（三）从消费类别和消费业态看消费结构变化趋势**

从实物消费来看，消费升级表现为人们在科技的引领下，对品质消费、健康消费和服务消费的重视。智能家居产品蔚然成风，智能冰箱、智能马桶、抽油烟机等生活日用品质量不断提升，结构不断优化；电子产品越来越互联化、智能化、区块化，捕获着年轻消费者的心，穿戴手表、折叠手机、智能音箱、轻薄触屏笔记本、VR

眼镜、体脂秤、无人机等消费增势明显，反映出消费者的消费升级趋势；汽车消费态势良好，除了豪华轿车外，近年来新能源汽车的消费受到追捧，交通工具的消费呈智能化、环保化、高端化发展态势；护肤品彩妆、智能高端美容仪器和智能高端小家电等奢侈品也备受消费者追捧[①]，如戴森系列高端清洁家电产品备受消费者青睐。

从服务类消费来看，文化娱乐类消费、休闲旅游类消费、大众餐饮类消费、教育培训类消费、医疗卫生类消费、健康养生类消费和其他服务类消费已成为居民消费的新宠。其中，文化娱乐类消费增速最高，占全部消费比重达 27.9%，成为促进消费增长的重要动力之一。互联网和信息技术进步带动移动支付普及，移动支付已深入人们生活的方方面面。手机上网比重不断攀升，用户用于在线教育和在线理财的消费支出比重逐年增多；在大众餐饮中，消费者对就餐环境和氛围的重视程度不断提高，新型餐饮消费要求商家提供更高级、更全面的全链条式消费要求；"休闲娱乐的多样选择""艺术熏陶""影院观影""线上观看足球联赛"……这一切成为消费市场新亮点；"精神"和"知识储备"需求增长带动"知识付费"崛起；"科学育儿"拉动"早教产业""休闲旅游"带动"居民消费升级"大潮；"医疗健康""互联网金融""服务金融""互联网娱乐""在线理财""在线娱乐""服务文化""在线消费""在线文化"等消费领域仍将持续升温。

---

①　参考苏宁金融研究院（SIF）和中国人民大学国际货币研究所（IMI）于 2019 年 11 月发布的《中国居民消费升级报告（2019）》。

从消费业态来看，网络购物正处在高速发展的黄金期，快递业务量的大幅上升反映出居民消费方式变革升级；各类零售新物种层出不穷，跨场景融合发展趋势显著，顾客购物体验显著增强；"抓娃娃机""情侣影院""电竞馆""APP 软件 K 歌""线下迷你 KTV 吧"等新业态蓬勃兴起。

新兴服务消费逐渐扩大且质量不断提升，在总体消费中所占比例不断上升，充分体现出我国消费结构升级大势。

（四）疫情影响下中国居民消费结构变化：健康优先、数字化转型、绿色理念

新冠肺炎疫情对全球经济社会产生了深远影响，也改变了人们的生活方式和消费习惯。中国作为世界第二大经济体和最大消费市场之一，在应对疫情挑战的同时，也展现了居民消费行为和思维方式的改变，进而反映出居民消费结构的变化。根据安森哲针对中国消费者的调查发现，疫情促使中国居民消费者重新审视自己的生活，居民消费结构呈现以下三种变化趋势。

1. 健康优先：关注身心健康的生活方式

疫情给中国消费者带来了身心健康方面的挑战，也促使他们将健康放在生活方式的首位。安森哲的调查显示，91% 的中国受访者认为"关注自身的身体健康"将永远成为他们生活方式的一部分，这一比例远高于全球平均水平（77%）。为了维护健康，中国消费者采用了多种方式，包括增加室内锻炼、改善饮食结构以及购置保健品和医疗设备等。

这种对健康的高度重视，反映了中国消费者在疫情后对生活质量和幸福感的新需求。在面对不确定性和压力的情况下，消费者不仅关心自己的身体健康，也关心自己的心理健康和情感需求。因此，一些能够提供心理咨询、情感陪伴、兴趣培养等服务的平台和产品也受到了消费者的青睐。例如，世界卫生组织的数据显示①，2020年全球心理咨询行业市场规模达到542.9亿美元，较2019年增长5.58%；根据CIC前瞻产业研究院整理的数据，中国在线音频行业市场规模由2016年的16亿元增长至2020年的131亿元，复合年增长率为69.4%；根据中商产业研究院整理的数据，2020年我国在线健身市场规模达3 697亿元，同比增长36%。

**2. 数字化转型：利用数字和虚拟方式满足日常需求**

随着消费者更多时间待在家中并逐渐适应"居家一族"的生活方式，人们更多转向数字和虚拟方式来满足重要的日常需求，71%的中国消费者乐于直接在社交媒体平台上购物，比全球平均高出近30个百分点；这一比例在18～39岁的中青年中更高达80%。这说明中国居民对数字化生活有着较高的接受度和参与度。

这种数字化转型不仅改变了消费者的消费方式，也改变了消费者的消费内容和品味。在数字化平台上，消费者可以接触到更多样化、更个性化、更创新的产品和服务，从而满足他们不断升级和多元化的需求。例如，在电商平台上，消费者可以购买到来自全球各地的特色商品和文化产品；在教育平台上，消费者可以学习到各种

① 数据资料来源于世界卫生组织，由智研咨询整理。

专业知识和兴趣爱好；在娱乐平台上，消费者可以观看到各种类型和风格的视频、音乐、游戏等。这些数字化产品和服务不仅丰富了消费者的生活体验，也提升了消费者的生活品质和满意度。

### 3. 绿色消费：追求可持续性和环保的消费理念

疫情让中国居民更加意识到环境问题的重要性，并促使他们做出更可持续性和环保的消费选择。安森哲的调查显示，77%的中国受访者表示环境问题正在变得更加重要，高于全球平均水平（53%）。虽然价格、质量和便利性仍然是中国消费者考虑的前三大因素，但可持续性在购买决策中的重要性正在加速提升[①]。

这种绿色消费理念的新聚焦，反映了中国居民在疫情后对社会责任和公共利益的新关注。在面对全球性的危机和挑战时，消费者不仅关心自己的个人利益，也关心他人和未来的利益。因此，一些能够减少资源浪费、降低碳排放、保护生态环境等方面的产品和服务也受到了消费者的青睐。例如，共享单车作为一种绿色环保的共享经济，2021年市场规模达到了320亿元，同比增长29.50%，用户达3亿人[②]；艾媒数据显示[③]，中国新能源汽车市场规模在过去五年中持续增长，2021年达到了6 000亿元，同比增长76.5%。已婚有孩子家庭是中国新能源汽车的主要消费群体，他们中有63.1%的人表

---

① 资料来源：埃森哲《2021中国消费者研究：后疫情篇报告》。

② 数据来源：共研网《2023—2029年中国共享单车行业市场供需态势及发展战略咨询报告》。

③ 数据来源：艾媒数据（dataiimedia）发布的《2022年中国新能源汽车行业研究及消费者行为调查报告》。

示倾向于购买或即将购买新能源汽车。

## 第三节　城镇居民消费变迁及特征分析

### 一、居民消费需求水平的现状分析

在衡量一个国家消费水平和经济发展的过程中，消费者最终消费率和居民消费率是衡量一个国家消费水平和经济发展的重要指标。所谓最终消费率是指一个国家或地区在一定时期内（通常为 1 年）的最终消费（用于居民个人消费和社会消费的总额）占当年支出法计算的 GDP 的比率。中国自改革开放以来，中国居民消费率和最终消费率都出现了下降趋势，并且其增速一直都比世界上大部分的国家和区域都要低。2018 年居民消费率为 37.8%，同期美国、日本、韩国、英国等主要发达国家的消费率分别为 67.4%、56.6%、48.5%、64.5%；而印度、南非、巴西、俄罗斯几个"金砖国家"成员国分别为 59.0%、59.8%、64.0%、52.7%。由此可以看出，中国的居民消费水平比其他发达国家和地区要低，而且与其他发展水平相当的金砖国家相比也要低得多。如表 3-2 所示。

表3-2 1990—2018年世界主要国家或地区居民消费率（%）

| 国家或地区 | 2000年 | 2005年 | 2010年 | 2015年 | 2016年 | 2017年 | 2018年 |
|---|---|---|---|---|---|---|---|
| 中国 | 46.7 | 39.6 | 34.3 | 37.8 | 39.5 | 38.7 | 38.5 |
| 印度 | 63.7 | 57.4 | 54.7 | 59.0 | 59.0 | 58.9 | 59.3 |
| 日本 | 54.4 | 55.6 | 57.8 | 56.6 | 55.7 | 55.5 | 55.6 |
| 韩国 | 54.5 | 52.3 | 50.4 | 48.5 | 48.7 | 48.1 | 48.0 |
| 南非 | 63.1 | 62.0 | 59.0 | 59.8 | 59.4 | 59.4 | 59.9 |
| 美国 | 66.0 | 67.1 | 67.9 | 67.4 | 68.8 | 68.3 | 68.2 |
| 巴西 | 64.6 | 60.5 | 60.2 | 64.0 | 64.0 | 63.4 | 64.7 |
| 俄罗斯 | 46.2 | 49.9 | 51.5 | 52.7 | 52.6 | 52.4 | 49.5 |
| 英国 | 66.5 | 64.9 | 64.2 | 64.5 | 65.0 | 65.7 | 65.5 |

数据来源：《国际统计年鉴》[①]

## 二、城镇居民消费水平的现状与特征分析

### （一）最终消费率缓慢下降，城镇居民消费率缓慢上升

从消费总量来看，自改革开放以来，中国城镇居民的消费总量呈快速增长的趋势。1978年城镇居民消费总量为6 667亿元，而到2020年，这一数值已增加到3 040 863亿元。然而，城镇居民消费率的增长相对较缓慢。特别是在1978年至2000年期间，城镇居民

---

[①] 数据来源于《国际统计年鉴（2018—2020）》中的居民消费率部分，由于2019年数据多国缺失，为了方便国家间比较，采用截止到2018年的最终消费率数据，并根据之前年鉴补充2016年和2017年消费率数据，数据不一致时，以时间靠后者为准。http://navi.cnki.net/knavi/yearbooks/YGJTJ/detail?uniplatform=NZKPT.

消费率的增长趋势更为明显，从 18.5% 上升至 2000 年的最高水平
31.3%。在 2001 年至 2008 年期间，城镇居民消费率呈持续下降的趋
势，这种下降与经济快速增长有一定关系，经济增长率显著高于城
镇居民消费增长率，导致二者之间的差距加大。然而，在 2008 年至
2017 年期间，城镇居民消费率再次缓慢增长，从 26.5% 增至 2017
年的 30.4%。虽然在 2008 年金融危机期间稍有下降，至 30.3%，但
之后又回升至 30.8%，尽管如此，仍未恢复到 2000 年 31.2% 的水
平[①]。如图 3-8 所示。

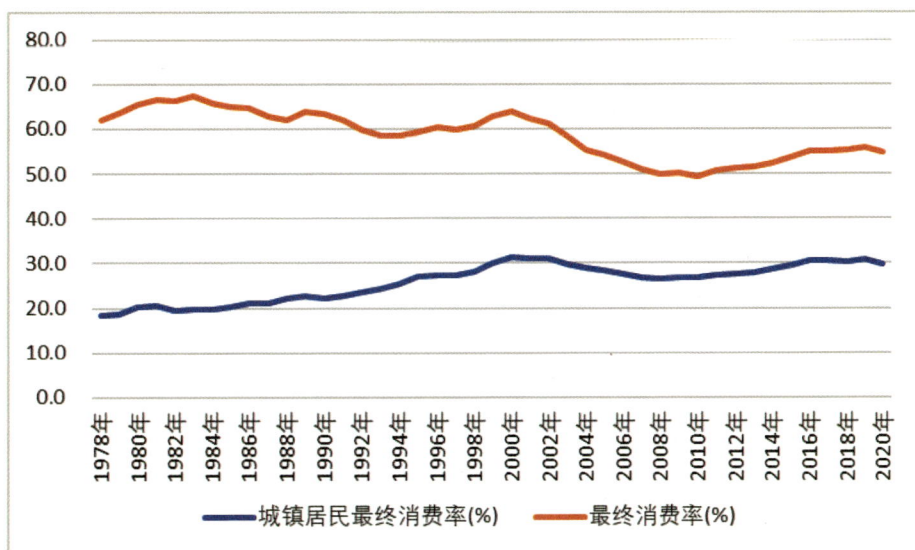

数据来源：国家统计局

图3-8　中国最终消费率和城镇居民最终消费率（1978—2020年）

---

　　① 数据来源于国家统计局1978—2020年国民经济核算数据，其中城镇居民最终消费
率是根据原始数据计算得出的。

## （二）城镇居民收入增长速度显著快于消费支出增长速度

从数据表3-3可以清楚地看出，中国的消费水平相较于世界上主要发达国家要低得多，甚至比巴西、印度等发展中国家都要低。以人均消费支出水平来衡量，2015年全球居民人均消费支出为5 871美元，而中国居民人均消费支出仅为2 474美元，显示中国的人均消费水平远低于世界平均水平。有些高收入国家的人均消费支出甚至达到24 229美元，中国与之相比，差距显著。尽管中国城镇居民消费总体水平较低，但到1978年，城镇居民人均消费支出仅为405美元。随着经济的发展，2016年我国城镇居民人均消费支出增至29 219元（4 398美元）。在消费支出增长率方面，城镇居民人均可支配收入的增长速度始终快于人均消费支出的增长速度。据陈晓毅（2015）的测算，受经济高速发展的拉动，中国城镇居民人均可支配收入与人均消费支出均呈现快速增长趋势，但人均可支配收入的增速始终快于人均消费支出的增速。

表3-3 世界居民消费支出

| 国家或地区 | 居民最终消费支出（现价，亿美元） | | | 人均居民最终消费支出（2010年价格，美元） | | |
|---|---|---|---|---|---|---|
| | 2010 | 2015 | 2018 | 2010 | 2015 | 2018 |
| 世界 | 377 599 | 428 771 | 487 932 | 5 455 | 5 871 | 6 215 |
| 高收入国家 | 271 417 | 286 178 | 323 689 | 23 015 | 24 229 | 25 526 |

续　表

| 国家或地区 | 居民最终消费支出（现价，亿美元） | | | 人均居民最终消费支出（2010年价格，美元） | | |
|---|---|---|---|---|---|---|
| | 2010 | 2015 | 2018 | 2010 | 2015 | 2018 |
| 中等收入国家 | 103 487 | 139 118 | 160 825 | 1 986 | 2 431 | 2 714 |
| 低收入国家 | 3 005 | 4 009 | —— | 401 | 437 | —— |
| 中国 | 20 895 | 41 783 | 53 525 | 1 562 | 2 474 | 3 148 |
| 巴西 | 13 302 | 11 528 | 12 200 | 6 797 | 7 227 | 7 060 |
| 印度 | 9 170 | 12 413 | 16 095 | 743 | 977 | 1 173 |
| 南非 | 2 215 | 1 898 | 2 207 | 4 325 | 4 571 | 4 580 |
| 俄罗斯 | 7 851 | 7 183 | 8 258 | 5 496 | 5 977 | 6 222 |
| 美国 | 101 858 | 122 843 | 139 987 | 32 930 | 35 583 | 37 922 |
| 日本 | 32 918 | 24 835 | 27 569 | 25 703 | 26 644 | 27 050 |
| 韩国 | 5 770 | 7 115 | 8 253 | 11 644 | 12 554 | 13 451 |

数据来源：世界统计年鉴

### （三）城镇居民消费倾向呈递减之势

居民的平均消费倾向和边际消费倾向是反映其消费状况的主要指标，消费倾向随收入水平的提高而逐步降低。改革开放40多年来，中国城镇和农村居民的平均消费倾向和边际消费倾向呈现快速下降的趋势，这表明居民消费总量和消费潜力的释放受到了较大的制约。城镇居民的平均消费倾向总体上呈稳定下降的趋势：1981—1988 年间，居民消费倾向基本保持在 0.9 或更高水平；1989—1997 年间，居民消费倾向在 0.9~8.9 之间波动；1998—2010 年间，居民消费倾向在 0.7~0.8 之间波动；2011 年以后，浮动幅度在 0.6~0.7 之间。与城镇居民平均消费倾向的变动趋势不同的是，城镇居民的边际消费倾向在 1981 年以后出现明显的浮动，总体呈递减趋势（任慧玲，2019）。改革开放后，城市居民的生活消费得到了一定程度的改善，然而由于各种原因，整体消费倾向出现下降的趋势。虽然消费潜力巨大，但由于多种因素的制约，导致目前出现了居民不敢消费、不愿消费、不能消费的现象。

## 三、城镇居民消费结构现状及特征分析

### （一）城镇居民恩格尔系数不断下降

恩格尔系数是指在一个人的总消费中，总的食物开支金额占总消费的比率。恩格尔系数反映了一个国家或地区居民生活水平和消费结构的基本情况。一般来说，恩格尔系数越低，说明居民生活水平越高，消费结构越合理。

从图 3-10 可以明显看出，中国城镇居民恩格尔指数整体上呈现出下降的趋势，从 1978 年的 57.5% 下降到 2021 年的 28.6%。恩格尔系数下降的趋势表明城镇居民在总消费中用于食物的支出比例逐渐减少。1978—1990 年，总体上呈现出比较平缓的下降趋势，从 57.5% 下降到 54.2%；1991—2000 年期间，由 53.8% 快速下降

到 38.6%；2001—2021 年，恩格尔指数再次趋缓，从 37% 下降到 28.6%，在 2004 年、2007—2008 年间、2011—2012 年间以及 2019 年略有反复。从 1978—2021 年的变动情况表明，我国城镇居民的消费结构不断得到改善。

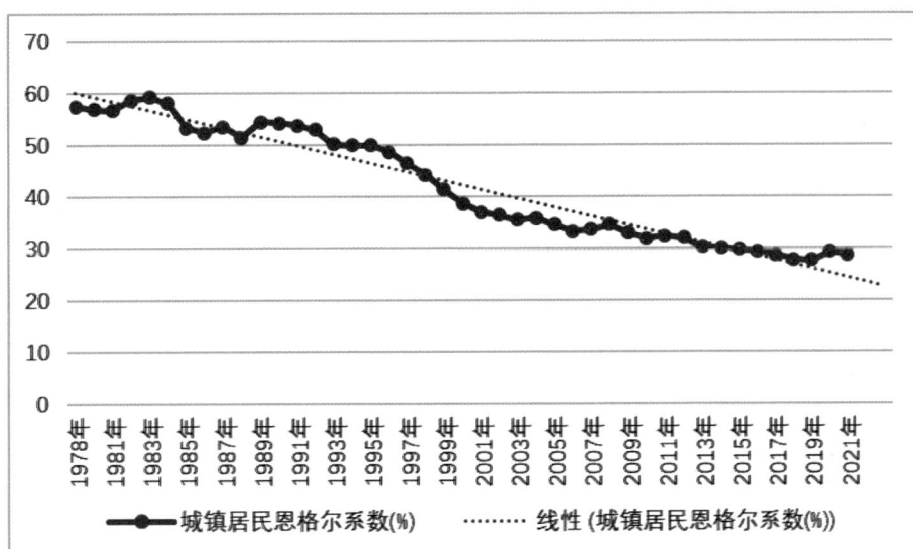

数据来源：国家统计局①

图3-10　1978—2021年中国城镇居民恩格尔系数

恩格尔系数是衡量一个人总消费中食品支出所占比例的指标。一般来说，恩格尔系数低于 30% 被认为是富裕水平的表现。从表 3-4 可以看出，中国城镇居民的恩格尔系数呈现下降趋势，尤其是近年来的数据变化。以 2016 年为例，城镇居民的恩格尔系数为 30.1%，距离达到富足水平仅相差 0.1 个百分点；2017 年的恩格尔系数为

---

①　数据来源于国家统计局网站：http://data.stats.gov.cn/ks.htm?cn=C01，其中城镇居民恩格尔系数缺少 1979 年数据，因此在此作忽略处理。

29.3%，正式进入富足水平，并持续到 2020 年；由于全球新冠疫情的爆发，2020 年恩格尔系数短暂回升到 30.2%；2021 年的恩格尔系数再次降至 29.8%，仍然处于富足水平。

在城乡恩格尔系数的对比中可以发现，城镇居民的恩格尔系数较低，相对于农村居民来说，城镇居民的恩格尔系数更低，这意味着城镇居民的生活水平相对较高，食品支出在其总消费中占比较少。

表 3-4 1978—2021 年中国城乡恩格尔系数

| 年份 | 居民恩格尔系数（%） | 城镇居民恩格尔系数（%） | 农村居民恩格尔系数（%） |
|---|---|---|---|
| 1978 年 | 63.9 | 57.5 | 67.7 |
| 1979 年 | — | — | 64 |
| 1980 年 | 59.9 | 56.9 | 61.8 |
| 1981 年 | 58.6 | 56.7 | 59.8 |
| 1982 年 | 59.9 | 58.6 | 60.6 |
| 1983 年 | 59.4 | 59.2 | 59.4 |
| 1984 年 | 58.8 | 58 | 59.3 |
| 1985 年 | 56 | 53.3 | 57.8 |
| 1986 年 | 54.8 | 52.4 | 56.5 |
| 1987 年 | 54.8 | 53.5 | 55.8 |
| 1988 年 | 52.8 | 51.4 | 54 |
| 1989 年 | 54.7 | 54.5 | 54.8 |
| 1990 年 | 56.8 | 54.2 | 58.8 |

| 年份 | 居民恩格尔系数（%） | 城镇居民恩格尔系数（%） | 农村居民恩格尔系数（%） |
|---|---|---|---|
| 1991 年 | 55.9 | 53.8 | 57.6 |
| 1992 年 | 55.3 | 52.9 | 57.5 |
| 1993 年 | 54 | 50.1 | 58.1 |
| 1994 年 | 54.1 | 49.9 | 58.9 |
| 1995 年 | 54.1 | 49.9 | 58.6 |
| 1996 年 | 52.3 | 48.6 | 56.3 |
| 1997 年 | 50.3 | 46.4 | 55.1 |
| 1998 年 | 48 | 44.2 | 53.2 |
| 1999 年 | 45.5 | 41.3 | 52 |
| 2000 年 | 42.2 | 38.6 | 48.3 |
| 2001 年 | 40.5 | 37 | 46.7 |
| 2002 年 | 39.2 | 36.4 | 44.9 |
| 2003 年 | 38.1 | 35.5 | 43.9 |
| 2004 年 | 38.8 | 35.8 | 45.3 |
| 2005 年 | 37.3 | 34.5 | 43.3 |
| 2006 年 | 35.5 | 33.3 | 40.7 |
| 2007 年 | 35.6 | 33.6 | 40.5 |
| 2008 年 | 36.3 | 34.5 | 40.9 |
| 2009 年 | 34.3 | 32.9 | 38 |
| 2010 年 | 33.4 | 31.9 | 37.9 |

续　表

| 年份 | 居民恩格尔系数（%） | 城镇居民恩格尔系数（%） | 农村居民恩格尔系数（%） |
|------|------|------|------|
| 2011 年 | 33.6 | 32.3 | 37.1 |
| 2012 年 | 33 | 32 | 35.9 |
| 2013 年 | 31.2 | 30.1 | 34.1 |
| 2014 年 | 31 | 30 | 33.6 |
| 2015 年 | 30.6 | 29.7 | 33 |
| 2016 年 | 30.1 | 29.3 | 32.2 |
| 2017 年 | 29.3 | 28.6 | 31.2 |
| 2018 年 | 28.4 | 27.7 | 30.1 |
| 2019 年 | 28.2 | 27.6 | 30 |
| 2020 年 | 30.2 | 29.2 | 32.7 |
| 2021 年 | 29.8 | 28.6 | 32.7 |

数据来源：国家统计局

### （二）城镇居民消费结构不断优化

21 世纪以来，中国城镇居民的消费结构持续优化，生存消费支出占比逐渐下降，而享受消费和发展消费支出增长迅速（张慧芳和朱雅玲，2017）。在改革开放初期，粮食消费占城市居民消费支出的一半以上，但随着居民生活水平的提高，其食物消费的比例显著降低。从生存消费、享受消费和发展消费的角度来看，生存消费在总体消费中的比例下降，而享受型消费和发展型消费的比例增加。从物质和服务两个方面来看，商品消费整体上呈下降趋势，而服务消费呈增长趋势。从吃、穿、住、用、行等方面的分类来看，食品消费在总体消费中的比例逐渐降低，而服装、住房、日常用品和交通出行等消费比例逐渐增加（见图3-11）。

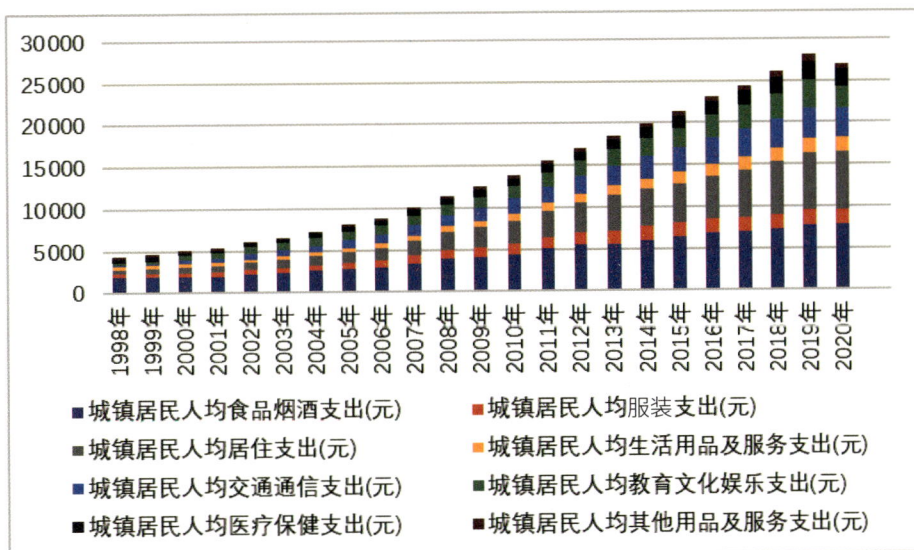

数据来源：国家统计局

图3-11　1998—2020年城镇居民人均消费结构变动情况[①]

以2019年为例，中国城镇居民人均消费支出为28 063元，同比增长7.5%，经过物价因素的调整后，实际增长率为4.6%。根据表3-5和图3-11的数据，可以看出各类消费支出均有所增长，尤其是教育文化娱乐、医疗保健和居住与其他服务等大类消费增长较快。

---

[①]　数据来源于国家统计局网站并整理：http://www.stats.gov.cn。

表 3-5　2019 年和 2020 年城镇居民人均消费支出情况对比

| 消费类别 | 2019 年 | | | 2020 年 | | |
|---|---|---|---|---|---|---|
| | 绝对量（元） | 比上年名义增长 | 占人均消费支出比重 | 绝对量（元） | 比上年名义增长 | 占人均消费支出比重 |
| 食品烟酒 | 7 733 | 6.80% | 27.60% | 7 881 | 1.9% | 29.2% |
| 衣着 | 1 832 | 1.30% | 6.50% | 1 645 | −10.2% | 6.1% |
| 居住 | 6 780 | 8.40% | 24.20% | 6 958 | 2.6% | 25.8% |
| 生活用品及服务 | 1 689 | 3.70% | 6.00% | 1 640 | −2.9% | 6.1% |
| 交通通信 | 3 671 | 5.70% | 13.10% | 3 474 | −5.4% | 12.9% |
| 教育文化娱乐 | 3 328 | 11.90% | 11.90% | 2 592 | −22.1% | 9.6% |
| 医疗保健 | 2 283 | 11.60% | 8.10% | 2 172 | −4.9% | 8.0% |
| 其他用品及服务 | 747 | 8.70% | 2.70% | 646 | −13.5% | 2.4% |

数据来源：国家统计局

　　然而，受全球新冠疫情影响，到 2020 年，城镇居民人均消费支出下降至 27 007 元，同比下降 3.8%。除居住类消费外，其他几大类消费均有所下降，尤其是教育文化娱乐消费、其他服务消费和衣着消费下降幅度较为明显。教育文化娱乐支出下降幅度达到 22.1%，相应的支出占比从 2019 年的 11.9% 下降到 2020 年的 10%。然而，食品消费占比从 2019 年的 27.6% 增长到 2020 年的 29%。

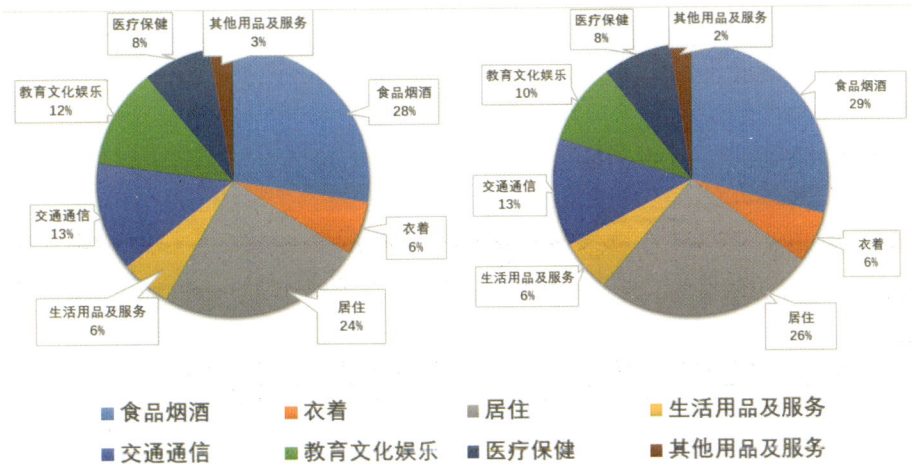

数据来源：国家统计局

图3-12　2019年和2020年城镇居民人均消费支出结构对比

## 第四节　城镇居民消费变迁与人口结构转变

随着我国人口结构的急剧变动，城市居民的生活水平也发生了巨大的变化。根据国家统计局的数据，1978年以来，我国城市居民的消费额迅速增长，由667亿元增长到了2016年的228 517亿元，整体呈缓慢增长趋势，消费支出占GDP比重从18.35%增至2016年的30.62%，反映了城市居民消费能力和水平的提高。恩格尔系数从1978年的57.5%下降到2016年的30.1%，反映了城市居民消费结构的优化。1996年、2000年和2015年，城市地区实现了从"温饱—

小康型"到"小康型"，再到"富裕型—最富裕型"的转型①。表明城市居民消费需求更加多元化和个性化。

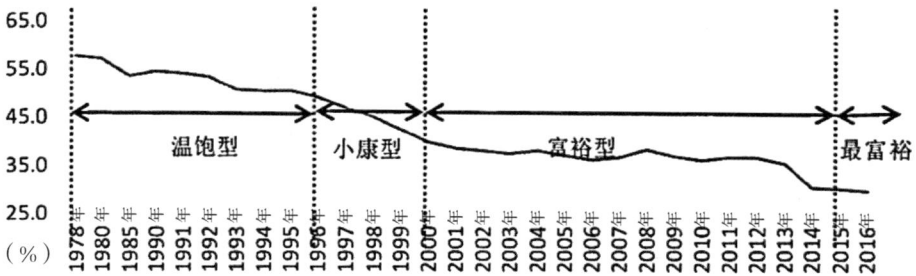

图3-13　1978—2017年城镇居民恩格尔系数（任慧玲，2019）

　　城市居民消费变迁的原因之一是人口结构和人口质量的变化。如前所述，生育政策的实施直接影响人口数量的供给，进而影响人口结构和人口质量。自2000年步入老龄化社会以来，人口结构加速转变，2013年劳动年龄人口数出现负增长。总体抚养负担呈逐年递减的趋势，2010年总抚养比为34.17%，随着二孩政策的实施，2016年总抚养比达到37.9%。这说明二孩政策增加了儿童抚养负担，但也有利于缓解老龄化问题。另外，城镇居民的总抚养比率也呈下降趋势，从34.62%下降至2010年的28%，然后又回升至2016年的32.06%。其中，城市老年人的赡养比从9.06%上升至2016年的12.68%，而儿童抚养比从25.56%下降至2010年的18.02%，然后又回升至2016年的19.38%。因此，人口抚养负担的降低一方面缓解

①　根据联合国依据恩格尔系数划分的贫富标准，恩格尔系数达59%以上为贫困型，50%～59%为温饱型，40%～50%为小康型，30%～40%为富裕型，低于30%为最富裕型。

了劳动年龄人口的负担，另一方面提高了劳动年龄人口的比例。从而推动我国的储蓄率上升，消费率下降。

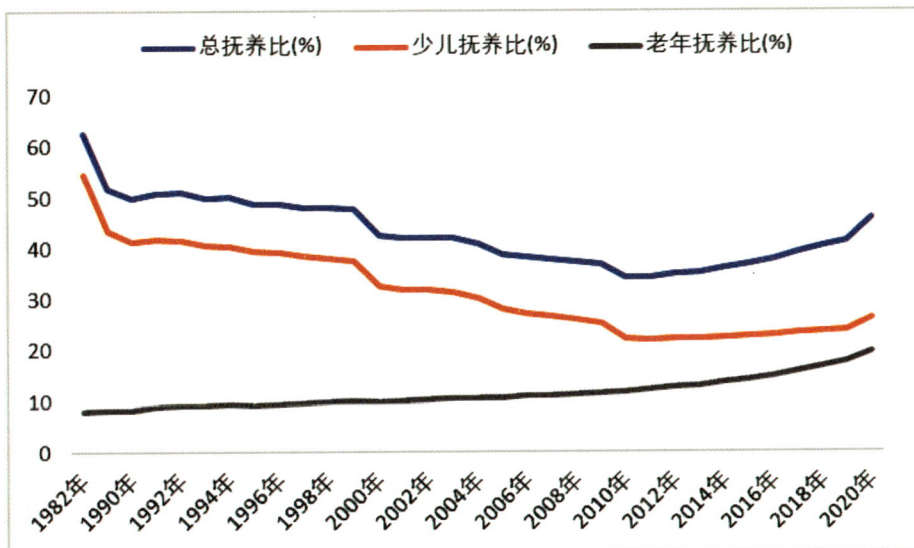

数据来源：国家统计局

图3-14　1982—2018年经济增长率与人口年龄结构①

除了人口结构转变对城镇居民消费变迁的影响外，人口性别结构也是影响城镇居民消费变迁的一个重要因素。根据第三次至第七次全国人口普查的人口数据（分别对应1982年、1990年、2000年、2010年和2020年数据），本文绘制了图3-15，对性别比数据进行了对比。可以明显看出，1982—2000年间，我国性别比从106.34上升至106.74，持续增长了0.4个百分点，远高于世界平均水平（约为

_____

① 数据来源于任慧玲（2019），其中，统计口径少儿人口是指0~15岁，劳动年龄人口是指16~64岁。

101.7[①]），男性人口比女性人口多出近3500万人，人口性别结构较为失衡。传统的"重男轻女"生育观念影响较为深刻，以及严格实施的计划生育政策可能是导致我国人口性别结构长期不平衡的重要原因之一。随着社会经济的发展和二孩生育政策的放宽，全国人口性别比开始下降，从2000年的106.74下降至2020年的105.07。可见，我国人口性别结构得到持续改善。尽管如此，我国人口性别结构仍然存在不平衡问题，从世界水平来看，我国性别比依然偏高。

人口性别结构的不平衡对消费产生影响的途径主要有四个方面：不同性别居民的消费行为和习惯、婚姻市场、不同性别居民劳动力供给的差异以及不同性别居民收入的差异（吴石英，2017）。因此，要促进城镇居民消费变迁，需要关注和改善人口性别结构问题。

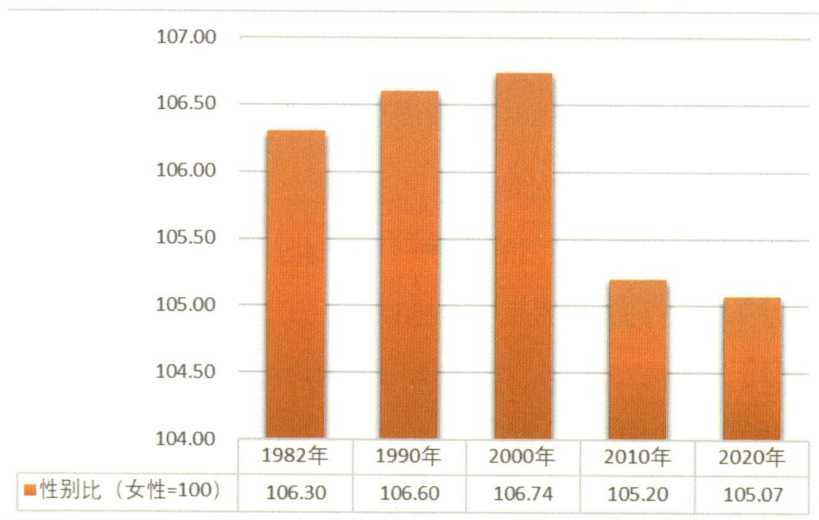

| | 1982年 | 1990年 | 2000年 | 2010年 | 2020年 |
|---|---|---|---|---|---|
| ■性别比（女性=100） | 106.30 | 106.60 | 106.74 | 105.20 | 105.07 |

图3-15 我国1982—2020年间人口性别比变化趋势图[②]

① 数据来源于联合国《2022世界人口展望》报告中人口数据。
② 数据来源于《中国统计年鉴2021》中的人口普查数据。

# 第四章 "二孩生育政策"对家庭消费影响的理论假说与研究设计

## 第一节 "二孩生育政策"对家庭消费影响的理论假说

本节将分析"二孩生育政策"对家庭消费水平和消费结构的影响。在本节中,我们将目标家庭定义为在"二孩生育政策"实施后,有意愿并且有条件生育第二个子女的家庭;非目标家庭则定义为在"二孩生育政策"实施后,没有意愿或者没有条件生育第二个子女的家庭。我们将根据上述定义,分别讨论"二孩生育政策"对目标家庭和非目标家庭的消费水平和消费结构的影响。

### 一、"二孩生育政策"对家庭消费的影响

基于上述分析,"二孩生育政策"将从宏观和微观两个路径对

家庭消费水平及消费结构产生影响，微观家庭会通过改变生育行为所导致的子女数量的变化进而影响家庭生命周期内的资源配置（Samuelson，1958）。然而，关于"二孩生育政策"的成效和子女数量对家庭消费产生何种影响等问题，经验研究的结论尚不一致。从消费水平看，生育政策调整后，目标家庭中子女人数的上升一方面是为了应对儿童养育费用的上升，家庭降低了养老储蓄，提高了现期消费（汪伟等，2020；王军和詹韵秋，2021）；另一方面，预计今后育儿支出较多、家庭还可能增加"预防性储蓄"和降低现期消费（李婧和许晨辰，2020）。但从消费结构变化视角来看，由于中国家庭重视教育以及育儿观念转变为精英式培养，即使孩子数量增多，也不会用数量替代质量，生育二孩后，家庭文化教育支出更多（姚岩，2018），从而使家庭的发展性消费上升。此外，随着目标家庭生育二孩意愿的确立，住房需求或者房屋面积需求上升（丁琨丽，2017），家庭可能增加改善性住房消费。另外，随着子女数量的增加，家庭外出旅游（刘佳和刘宁，2017)和外出就餐频率更高（李丰等，2020），从而家庭享乐型消费支出增加。而且，由于"同群效应"的存在，教育消费、改善性住房消费、旅游消费、外出就餐消费都会给周围家庭带来示范效应（宋泽和邹红，2021），提升本家庭的发展和享乐型消费。因此，"二孩生育政策"会对目标二孩家庭消费水平和消费结构有促进作用。

假设1："二孩生育政策"会促进家庭消费；

假设1a："二孩生育政策"会提升目标家庭的消费水平；

假设 1b："二孩生育政策"会影响目标家庭的消费结构升级。

## 二、"代际扶持"作为"二孩生育政策"影响家庭消费的中介效应机制

技术进步和居民收入的增长都可以促进居民消费升级，在中国近 40 年的发展中，育儿观念的转变和个人自我实现理念的追求，使得家庭在决定是否生育二孩时考虑的不仅仅是经济成本、教育成本等经济问题，还涉及到育儿精力、个人闲暇和工作机会等非经济因素的权衡。因此，家庭中是否存在"代际扶持"的因素将直接影响消费水平和消费层次的差异。

根据前面理论部分对中国家庭消费行为受传统文化观念、习惯和习俗的制约的分析，中国式家庭中父辈会在经济上对子女的婚嫁、购房、育儿提供力所能及的经济支持，与西方"接力模式"抚育方式不同，中国家庭代际支持行为在孩子长大成人之后并未结束，反而持续到对孩子婚姻等方面提供各种形式的支持，在"父→子""子→父""父→子→孙"三种抚育方式中循环往复。这就形成了家庭"代际扶持"，包括"经济扶持"和"照顾扶持"。特别是在子代生育二孩之后，由于养育压力增加，这种"代际经济扶持"和"代际照顾扶持"都可能随之增加。获得"代际经济扶持"的家庭就可能产生"收入效应"，即家庭可支配收入增加，预算约束得到放松，进而提高家庭的消费水平和消费结构。获得"代际照顾扶持"的家庭就可能产生"保障效应"，年轻一代父母工作压力大、竞争激烈，尤其是

在大城市和体制外企业，生育二孩可能影响工作晋升甚至失去工作，养育二孩可能需要更多的精力，不光牺牲闲暇时间，甚至连工作时间都不能保证。如果父辈不提供照顾扶持，那么生育二孩以及养育二孩的计划可能一推再推。此外，由于父母提供照顾扶持，家庭成员之间的关系更加亲密，外出就餐、旅游等享乐型消费具有规模效应，"向下代际扶持"的同时也兼顾了"向上代际扶持"，符合中国式家庭亲子关系。这样，家庭的工作机会、工作时间和闲暇时间得到保障，家庭的收入和休闲娱乐时间也得到保障，进而提升了家庭的消费水平和消费结构。

综上，家庭"代际扶持"会影响目标二孩家庭的消费水平与消费结构升级，而"二孩生育政策"又促使家庭这种"代际扶持"增加，因此提出如下假设。

假设 2：家庭"代际扶持"可能是"二孩生育政策"影响家庭消费水平和消费结构升级的潜在路径；

假设 2a：代际经济扶持可能通过"收入效应"提升家庭消费水平和促进消费结构升级；

假设 2b：代际照顾扶持可能通过"保障效应"提升家庭消费水平和促进消费结构升级。

## 三、不同类型家庭对"二孩生育政策"影响家庭消费的异质性分析

### （一）家庭财富差距的异质性

中国家庭财富不平等比收入不平等更为严重，通货膨胀的加剧扩大了居民的收入和财富差距，基尼系数随着通胀的上升而不断扩大（谭浩等，2017）。财富差距不仅仅是收入差距，收入层面的差距会逐步转化为财富层面的差距，并且后者比前者更大（张春安等，2004；李实等，2022）。随着中国城市房地产改革和房价飙升，家庭住房已成为家庭分配中的重要组成部分，房产拥有成为积累和储存财富的主要方式之一（南永清等，2020）。与此同时，那些无法参与住房市场的人群的财富替代资源变得越来越有限。在中国中产阶层资产配置中，房产比例高达 79.1%，远远高于美国 34.1%。住房价格上涨和购房冲击已经成为影响消费者预算约束的重要外生冲击。房价上涨对居民消费的影响效应比较复杂，它有可能通过家庭资产增值的"财富效应"刺激居民消费（毛中根等，2017）；然而，房价上涨也可能导致"流动性约束"，因为为了购房存钱或偿还房贷款，居民的可支配收入减少，从而抑制了居民的消费（刘颜和周建军，2019）；此外，高房价可能引发"绝望的消费效应"，租房家庭可能放弃购房计划，而增加非住房消费（孙豪，2022）。因此，房价上涨对于不同类型家庭的消费储蓄决策产生差异性影响，例如租房家庭、仅拥有一套住房的家庭或多套房产的家庭。

基于房价上涨所产生的财富效应，家庭的财富差距将导致家庭消费流动性约束的差异，进而导致消费的不平等性。增加子女数量不仅降低了家庭的预防性储蓄，直接促进了家庭消费水平的提高和消费结构的升级，而且间接影响家庭的消费行为。一些研究者发现，房产价值的提高可以有效地促进家庭整体消费水平的提高（毕明建等，2021），房产的增值可以为家庭积累财富，而房屋价值的变动对家庭消费的影响要大于金融资产（赵娟和赵光华，2019）。另外，一些研究发现子女数量与家庭的住房数量之间存在明显正相关，住房作为一种固定资产在家庭财富中具有重要地位。因此，那些拥有多套住房或房产价值较高的家庭可能不太受到流动性束缚，更愿意生育二孩，并更愿意为子女的教育和成长支付费用。

在当前教育竞争日益激烈的环境中，家庭对子女优质教育的追求已经超过了注重孩子数量的"养儿防老"。这导致家庭在生育决策上更加注重子女的质量。家庭为下一代支付各种教育投资的增加，必然会排挤家庭中的其他资源进而影响家庭消费（李强等，2021）。子女教育投资带来的恶果是家长在教育投资压力下害怕消费的真正原因。子女教育投资压力使许多家长成为"隐形贫困人口"。对教育支出和家庭消费之间关系的研究发现：家庭教育支出负担与其他消费需求显著负相关，相对于高收入阶层，教育支出对中、低收入阶层家庭的日常消费挤出效应较高（龙斧，2019）。不同收入水平家庭参与教育竞争所承受的经济压力存在差异，就高收入家庭而言教育支出与家庭收入之比较低，故教育支出上升，并不会显著影响家庭消费水平，就低收入家庭而言教育支出高于家庭收入之比，因此教育支出的增加并不会显著影响家庭的消费水平，而低收入家庭的教育支出超过家庭收入的比例较高，因此教育支出的增加将导致家庭其他支出的减少，并对家庭的其他消费产生明显的挤出效应（林晓珊，2020）。因此，家庭的教育支出是以降低家庭其他成员的消费为代价的，尽管教育支出的增加体现了消费结构的升级，但并不意味着所有成员的消费结构都得到提升。

伴随着房产价值在最近几年的持续攀升，拥有大量子女的家庭可能会因资产增值而提高消费水平，并改善消费结构。然而，不同房产价值下的家庭财富水平存在显著差异，"二孩生育政策"对于目标家庭消费水平和消费结构升级影响效应会有显著不同。此外，在教育竞争日益激烈的情况下，教育支出对不同财富水平的目标家庭其他消费挤出效应也会存在差异，因此做出以下假设：

假设 3a："二孩生育政策"对不同财富水平目标家庭的消费水平影响存在异质性；

假设 3b："二孩生育政策"对不同财富水平目标家庭的消费结构升级的影响存在异质性；

假设 3c：教育消费支出对不同财富水平目标家庭的其他消费有挤出效应，对财富水平较低家庭挤出作用更明显。

## （二）家庭成员工作性质差异的异质性

根据 CFPS 数据，家庭成员的工作性质可分为"体制内"和"制度外"劳动。在中国，"体制内"劳动通常指从事国有企业、事业单位和政府机构工作的家庭成员；而"制度外"劳动指从事民营企业、外资企业或个体工商户工作的家庭成员。在就业形态方面，"体制内"劳动通常拥有较完善的社会福利保障和相对稳定的劳动收入；而"制度外"劳动则面临收入波动较大和社会福利保障不足的问题（汪伟等，2020）。尽管"制度外"员工的收入可能更高，但他们的工作时间可能更长，竞争压力也更大。尤其对女性而言，相比于"体制内"员工，她们更加谨慎，担心生育行为会导致失去工作或辛苦得来的职位。此外，"体制内"员工通常享有更灵活的请假制度，便于在育儿过程中进行互动照顾，而"制度外"员工则相对困难。另外，由于"体制内"员工工作相对稳定，他们在金融体系中的信用评级较高，无论是信用贷款，还是消费贷款，相较于其他类型的员工更容易获得。因此，推测："体制内"家庭的二孩生育率可能高于"制度外"家庭。

此外，"体制内"家庭成员往往具有较多的人际交往和社交互动，社会网络相对发达。家庭之间的同质性也较高，因此往往存在较强的同质攀比效应和从众效应。因此推测，即使"体制内"家庭的储蓄率较低，消费率也较高。

子女教育投资对家长消费和教育投资压力的挤压问题是现实的。子女教育投资压力使许多家长成为"隐形贫困人口"。这种消费模式不仅表现为横向不同阶层之间的消费不平等，还表现为纵向不同代际之间的消费不平等。受传统文化的影响，中国家长以子女为主，4—2—1家庭资源配置模式导致家长甚至祖父母的生活质量下降。随着教育竞争的加剧，家长面临的经济压力越来越大。子女的教育支出对家长的消费挤压程度越大，消费不足问题无法得到有效解决，进而影响整个社会的消费结构。从阶层分析的角度出发，分析教育支出在不同收入阶层家庭消费中的不同作用，以说明教育支出如何加剧不同收入阶层家庭之间的消费不平等现象（龙斧，2019）。

假设4："二孩生育政策"对不同工作性质的目标家庭的消费水平和消费结构影响存在差异；

假设4a："二孩生育政策"对不同工作性质的目标家庭的消费水平影响存在差异；

假设4b："二孩生育政策"对不同工作性质的目标家庭的消费结构影响存在差异。

# 第二节 "二孩生育政策"对家庭消费结构影响的模型设计

## 一、实证数据来源与数据样本选择

### （一）数据来源

本研究的样本数据来源于北京大学中国社会科学调查中心开展的"中国家庭追踪调查"项目。CFPS 是一项全国性、综合性的社会追踪调查项目，旨在通过追踪搜集个体、家庭、社区三个层面的数据，反映中国社会、经济、人口、教育、健康等方面的变化情况，为学术研究和公共政策分析提供数据基础。

CFPS 项目于 2007 年启动前期工作以来，2008 年和 2009 年对北京、上海、广东等地的 2 400 个家庭进行了初访和追访预调查。2010 年，CFPS 正式进行了中国 25 个省级地区的基线调查，随后于 2012 年、2014 年、2016 年和 2018 年进行了全国范围的追踪调查。CFPS 的主要问卷包括村居问卷、家庭成员问卷、家庭问卷、少儿问卷和成人问卷等五类。调查涵盖了社区、家庭和个人三个层次。在社区方面，CFPS 通过村居问卷全面访问了各样的村庄 / 居所，重点调查了基础设施、人口结构、政策执行情况、经济情况和社会服务情况。

每个受访家庭都会接受家庭和个人两个层面的访问。调查样本涵盖了中国 25 个省级地区，并对社区、家庭和个体进行跟踪调查。调查问卷根据访问主体分为四类，根据家庭成员性质进一步划分为多种形式的灵活问卷，包括长期问卷和短期问卷。CFPS 的目标是通过追踪搜集个体、家庭和社区三个层面的数据，涉及广泛的内容，包括居民经济和非经济福利、经济活动、教育成果、家庭关系、家庭动态、人口迁移、卫生等多个研究对象。以 2018 年为例，CFPS 的家庭样本规模为 14 218 个，综合样本为 58 504 个，家庭个人库样本为 37 354 个，少儿库样本为 8 735 个。

（二）"二孩政策"目标家庭

本研究着重考虑"二孩生育政策"对家庭消费水平和结构的影响，因此将目标家庭定位为已经有一个孩子的家庭，这部分家庭是

"二孩生育政策"直接作用的目标群体。由于"二孩生育政策"是逐步放开的,而且即使每个目标家庭获得了生育权,但家庭决策是否生育二孩考虑的因素是多方面的,不能所有家庭迅速选择生育二孩,所以每个生育二孩家庭的生育时点不同,也就是受生育政策干预时间不同,不能像普通 DID 模型那样通过常用的区域划分来分离出受政策影响的实验组和不受政策影响的控制组。但可控的是"二孩生育政策"实施前后的家庭子女数量差异,尽管全面"二孩生育政策"冲击时点后生育的二孩有可能适用于之前"双独""单独""二孩生育政策",但考虑到家庭筹备和迎接二孩需要多方面考虑,人口政策存在一定的滞后效应,以及"二孩生育政策"已经促使相关二孩概念产业发展。

此外,由于中国的城乡生育政策一直存在差异,农村地区在"二孩生育政策"实施之前就已经实行了"一孩半"政策。根据官方数据显示,"一孩半"政策涵盖了中国 53.6% 的人口。实际上,由于农村居民享有事实上的"一孩半"甚至"两孩"政策,因此"二孩"的放开对这部分人口的影响并不大。

因此,本研究将全样本设定为 CFPS2012、CFPS2014、CFPS2016 和 CFPS2018 调查中至少有一个子女的家庭,并根据生育政策的冲击将目标家庭类型划分为实验组(生育二孩家庭)和控制组(保持"一孩状态"家庭)。

### (三)数据样本:基于CFPS2012—2018的面板数据

居民消费最基本单元为家庭消费,本部分从微观家庭层面入手研究二孩生育政策调整以来对城镇居民二孩家庭消费水平及消费结构的影响，所以首先要保留城镇家庭样本数据。其次，本研究使用双重差分法（DID）来检验生育政策实施的政策效果，分离出明确的实验组和控制组是成功估计政策效应的基本前提，而双重差分检验需要符合前期平行趋势假设，需要构建前后不同年份变量的面板数据，因此本书选取了 CFPS 数据库中从 2012 年到 2018 年共计 4 轮的调查数据，包括每轮追踪调查所搜集的个体—家庭数据。最后，根据目标家庭的设定，保留城镇家庭中 2012 年调查以来至少有一个孩子的家庭为目标家庭，并且保留母亲年龄小于 55 周岁的家庭为全样本数据。

使用 STATA 软件进行数据处理，首先保留 CFPS2012、CFPS2014、CFPS2016、CFPS2018 中国家统计局认定为城镇的家庭样本，然后分别把 CFPS2012—CFPS2018 的家庭库数据与个人库数据横向合并，再保留相关变量后把四期数据纵向合并，得到一个面板数据样本量为 26 387 个。但是这些家庭中很多家庭在后来分家了，分别分成了 2 个家庭、3 个家庭、4 个家庭的共计 4 336 个家庭，分家后的家庭可能很多特征与之前家庭差异很大，因此保留不分家家庭共计 22 051 个。接下来，根据目标家庭设定，只保留家庭中至少生育一个孩子的家庭，而保留的这一部分家庭中可能有老年家庭，即不再具备生育能力的家庭群体，所以进一步剔除妈妈年龄在 55 周岁以上的家庭。最后，考虑到中国生育政策的改革从 2011 年开始，中国各地全面实施"双独"二孩生育政策，因此我们仅保留二孩出生年在 2011 年以后的样本，并剔除缺失重要数据的样本，最终全样本数据为 11 098 个家庭数据。其中 2011 年及以后家庭有第二个孩子出生的样本量为 857 个，占总体样本量的 7.72%。

## 二、家庭消费水平和消费结构的测量变量和解释变量

### （一）被解释变量

家庭消费的变化主要反映在两个方面：一是家庭消费总量方面的变动；二是家庭消费的内部结构方面发生了改变。本研究主要考察"二孩生育政策"对家庭消费水平和家庭消费结构的影响。对于衡量家庭消费结构水平通常有两种办法：一种是恩格尔系数，也就是食品消费支出在总消费支出中所占的比例。它反映了一个国家或地区居民生活消费水平及质量的高低。另一种是按照消费规律，人为地把吃、穿、住等方面的消费归类为生存型消费，把教育、交通通信、医疗保健方面的消费归类为发展型消费；把娱乐文化服务、家庭设备用品、耐用品消费品支出、其他商品和服务方面的消费归类为享乐型消费（汪伟等，2020）。

所以，本研究的被解释变量是家庭消费水平和家庭消费结构。用家庭消费总量水平指标测度为家庭消费性支出对数，替代被解释变量检验时使用家庭总支出。其中家庭消费结构分别用家庭生存型消费支出对数和发展享乐型消费支出对数这两个指标来测量。CFPS 调查数据中使用了国家统计局的八大消费分类指标，并借鉴汪伟等（2020）的研究在各项消费支出当中，将食品、住房、衣物等方面的

支出归纳为生存型消费支出，将医疗保健、文教娱乐、交通通信、家庭设备支出以及其他商品服务支出归纳为发展享乐型消费支出。

（二）解释变量

本研究选择二孩目标家庭的分组虚拟变量、时间虚拟变量以及它们的交互项作为解释变量。其中，分组虚拟变量度量了二孩家庭和一直保持一孩家庭的差异，时间虚拟变量度量了政策干预前后实验组和对照组的变化，而交互项度量了"二孩生育政策"对实验组和对照组家庭消费水平和消费结构的影响，是本书的核心解释变量。

在中国，"体制内"工作一般都具有比较稳定的收入来源和相对完善的社会福利保障，而在"体制外"工作个体差异较大，虽然不乏高收入人群，但大多数人员收入水平波动幅度较大、社会福利保障等待遇不够稳定。本研究里进一步处理使用的家庭中父母双方至少有一方为体制内（政府机关、国有企业、事业单位）员工，则认为家庭是"体制内"家庭。"体制外"家庭，是指家庭成员都在民营企业、外资企业工作或是个体工商户的家庭，是否以体制内员工来测度。

在进一步探讨家庭财富水平异质性下，教育支出对其他发展享乐型消费支出的挤出效应时，用到的解释变量还有教育培训费对数、文化娱乐消费对数、保健支出对数，这三个变量都是家庭发展与享乐型消费的重要代表。

## （三）控制变量

本研究选取家庭"代际扶持"作为"二孩生育政策"对家庭消费水平和消费结构影响的中介变量，根据前面的理论分析，分别用家庭代际经济扶持和家庭代际照顾扶持来衡量是否存在"收入效应"和"保障效应"中介机制。

此外，鉴于户主个人特征以及其他家庭层面的因素也会影响家庭消费行为，本研究还控制了母亲年龄的平方除以100、一孩的性别、家庭受教育水平、家庭收入水平的对数、是否拥有其他房产、家庭净资产等级、省份等变量。

表 4-1　变量及定义说明表

| 变量名称 | | 变量说明 |
|---|---|---|
| 被解释变量 | 家庭总消费 | 家庭总消费加1，再取自然对数 |
| | 生存型消费 | 家庭生存型消费加1，然后取自然对数，生存型消费主要包括食品、服装、水、电、暖气及物业管理费、日用品消费、房屋修缮等支出 |
| | 发展型和享乐型消费 | 家庭发展型消费加1，然后取自然对数，发展型消费主要包括家庭设备用品、教育文娱、交通通信等支出 |
| | 家庭总支出（替代被解释变量） | 家庭总支出加1，再取自然对数 |

续　表

| 变量名称 | | 变量说明 |
|---|---|---|
| 其他被解释变量 | 教育培训费 | 教育培训消费支出额加1，然后取自然对数 |
| | 文化娱乐消费 | 文化娱乐消费支出加1，然后取自然对数 |
| | 保健支出 | 保健消费政策加1，然后取自然对数 |
| 关注核心解释变量（交互解释项） | $streat_i \times post_t$（DID） | 目标家庭在政策实施后生育二孩=1；目标家庭在政策实施后仍然维持一孩=0 |
| | $streat_i \times post_t \times fami\_character_j$（DDD） | $treat_i \times post_t$ 同上，$fami\_character_j$ 代表家庭属性（包括家庭财富水平高低和工作性质高低） |
| 其他解释变量 | $streat_i$ | 政策实施后生育二孩家庭=1，保持"一孩状态"家庭=0 |
| | $Post_t$ | 时间二分变量，政策实施后=1，政策实施前=0 |
| | 房屋总价值 | 家庭总房产价值加1，再取对数 |
| 中介变量 | 经济支持 | 夫妻双方至少有一方的父母为目标家庭提供经济支持=1；否则=0 |
| | 照料支持 | 夫妻双方至少有一方的父母为养育孙子女提供隔代照料支持=1；双方的父母均不提供隔代照料支持=0 |

续 表

| 变量名称 | | 变量说明 |
|---|---|---|
| 控制变量 | 母亲年龄的平方/100 | 母亲年龄的平方/100 |
| | 家庭受教育水平 | （夫妻双方的最高学历）文盲\半文盲=0；小学=1；初中=2；高中\中专\职高=3；大学以上=4 |
| | 一孩性别 | 第一个孩子性别为男=1；性别为女=0 |
| | 家庭收入水平 | 家庭年收入金额加1，取自然对数 |
| | 是否还有其他房产 | 除现住房外还有其他房产–1；否则=0 |
| | 家庭净资产等级 | 家庭净资产三分位数：最低等分=1；中间等分=2；最高等分=3 |
| | 体制内员工 | 夫妻双方至少有一方在"体制内"工作=1；双方都在"体制外"工作=0（包括雇主属性为党政机关、国企、事业单位） |
| | 省份 | 省份编码 |

# 第三节　评估"二孩生育政策"对家庭消费结构影响的研究方法与模型设定

## 一、双重差分法

### （一）经典DID模型

普通双重差分方法，又叫倍差法。生育二孩家庭消费水平和消费结构的变化主要受以下三个因素影响：第一，由于家庭个体差异造成的"分组效应"；第二，由于外界情况变化（经济社会形势改变等）或者时间惯性而引起的"时间效应"部分；第三，由于二孩生育及配套措施政策影响家庭成员结构中的子女数量而形成的"政策处理效应"部分。双重差分方法可以有效分离出"政策处理效应"，从而广泛应用于政策实施的效果评估（董艳梅和朱英明，2016）。

### （二）多时点DID模型

多时点 DID，又叫多期 DID。经典的 DID 特点是政策干预时间在同一时间点，然而全面二孩生育政策虽然是 2016 年 1 月 1 日正式在全国实施，但是对于各个家庭而言，生育二孩的决策不是同时的，也就是说二孩出生的年份不一定是一样的，这更符合多期 DID 的特点，相当于干预时间有前有后。此时，每个个体的 DID 交互项在数据中显示得不一样，因为 DID 交互项是两个虚拟变量的乘积项：treat（个体是否受到政策干预）和 time（政策干预时间）；DID=1 表明这个家庭个体在具体某年生育了二孩；DID=0 表明个体受到政策干预之前的年份；这样，对于没有受到政策干预的个体 treat=0，自然 DID=0，属于控制组样本。这就表明，在多期 DID 中不再有统一的政策实施年份，而是允许每个家庭都有自己的政策作用年份。模型如下：

$$y_{i,\ t} = \alpha + \beta \cdot DID_{it} + \gamma \cdot X_{i,\ t} + u_i + v_t + \varepsilon_{i,\ t} \quad (1)$$

其中，下标 i 代表家庭户，t 代表时间。yi, t 是家庭户 i 在第 t 期的一组被解释变量，包括家庭消费水平与消费结构（用家庭人均消费、家庭生存型消费与家庭发展与享乐型消费来衡量）。DIDit 是最为关注的"'二孩生育政策'是否对家庭消费带来影响"的虚拟变量，个体家庭在全面"二孩生育政策"发生后的第 t 年生育二孩，则 DIDit=1，否则 DIDit=0，其系数 β 为核心参数，反映政策的消费效应水平。Xi, t 表示其他随时间变动且影响家庭消费的控制变量，系数 γ 反映的是其他控制变量对家庭消费的影响。

ui 和 vt 分别代表家庭个体固定效应和年份固定效应。虽然传统 DID 也控制了处理组的组别效应与处理期的时间效应，但估计面板模型的标准方法为"双向固定效应模型"，它既控制了"个体固定效应"，也控制了"时间固定效应"。(1) 式即为双向固定效应模型，因为其既包括个体固定效应也包括时间固定效应。个体固定效应通过加入每个个体的虚拟变量来实现；时间固定效应通过加入每期的时间虚拟变量来实现。

## 二、倾向值匹配

在 DID 方法中，假定两组样本在观测上存在着一致的"时间效应"倾向，则两组研究结果在试验前和试验后的改变是单纯由"政策处理效应"所导致的改变。在现实中，家庭选择是否生育二孩，是结合家庭本身经济与非经济条件进行抉择，即家庭间具有异质性，则确保处理组与对照组间的可比较性具有重要意义。倾向得分匹配法有利于改善样本选择偏差（Rosenbaum & Rubin，1985）。其基本思想是，通过匹配构建一个与政策实施后生育二孩家庭（处理组）主要特征相近的，在政策实施后仍然保持一孩状态的家庭作为对照组，从而使得匹配后两个样本组的配对家庭之间仅在是否生育二孩方面有所不同。具体的步骤是：首先，计算并统计倾向得分值，即Pscore。构造一个被解释变量为二元虚拟变量的回归模型，处理组取值为 1，对照组取值为 0，解释变量是能够影响两组相似度的若干指标。目标家庭受政策影响生育二孩的概率（即倾向得分）为：

$$P=P_t\{DZ_{it}=1\}=\Phi\{X_{it}\}（2）$$

其中，Xit 表示影响生育二孩决策的因素，即特征变量。二是根据倾向得分值，选择具体的匹配原则，对每个处理组的家庭 i，从对照组中寻找与其倾向得分最接近的若干家庭作为其对照组。

DID 方法可以通过双重差分解决内生性问题而分离出"政策处理效应"，但可能无法避免存在样本偏差问题；而 PSM 有助于处理样本偏差问题。因此，本书采取两者相结合的倾向得分匹配基础上的双重差分（PSM-DID）方法来尝试更准确的估计"二孩生育政策"对家庭消费结构的影响联系。具体方法是：先通过 PSM 寻找对照组样本，然后使用匹配后的对照组和原始处理组，进行 DID 估计。

## 三、三重差分法

进一步针对不同类型的家庭，采用三重差分模型进行异质性分析，回归模型设定如下：

$$y_{i,t} = \alpha + \beta_1 \cdot streat_i \times post_t \times fami\_character_i + \beta_2 \cdot streat_i \times post_t$$

$$+ fami\_character_i + \gamma \cdot X_{i,t} + u_i + v_t + \varepsilon_{i,t} \qquad （3）$$

$fami\_character_i$ 分别代表家庭财富水平和家庭成员工作性质类别，交互项反映出不同财富水平家庭政策效果的异质性和不同工作性质家庭政策效果的异质性。

## 四、机制检验——中介效应分析

根据前文理论分析，在 DID 基础上利用中介效应的方法，检验"二孩生育政策"实施影响目标家庭消费过程中代际扶持的"收入效应"和"保障效应"是否存在。因此，把代际扶持（包括"代际经济扶持"和"代际照顾扶持"）作为中介变量，又由于自变量"二孩生育政策"对中介变量代际扶持是有调节作用的，构建如下中介效应模型。

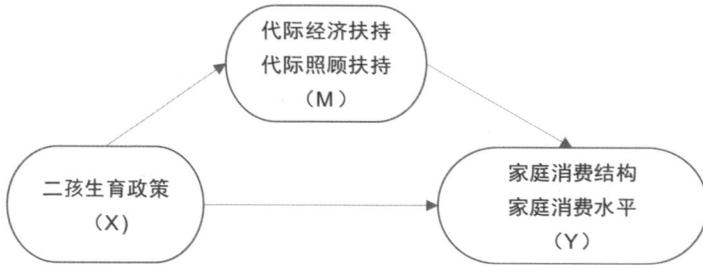

图4-1 机制检验模型图

$$zc_{i,t} = \alpha_0 + \alpha_1 \cdot streat_i \times post_t + \gamma \cdot X_{i,t} + \mu_{i,t} \quad （4）$$

$$y_{i,t} = \beta_0 + \beta_1 \cdot streat_i \times post_t + \beta_2 \cdot zc_{i,t} + \beta_3 \cdot streat_i \times post_t \times zc_{i,t} + \gamma \cdot X_{i,t} +$$

$$\varepsilon_{i,t} \quad\quad\quad （5）$$

其中，式（4）研究的是解释变量"二孩生育政策"对中介变量家庭代际扶持的调节效应，即 $\alpha1$。其中，$zc_i$, t 代表第 i 个家庭在第 t 期的代际扶持（包括"代际经济扶持"和"代际照顾扶持"）水平，也是政策影响家庭消费的中介变量。式（5）中如果 $\beta_3$ 是显著的，说明解释变量"二孩生育政策"对被解释变量消费水平和消费结构的影响关系中，代际扶持发挥了中介效应，同时始终在解释变量的调节的作用下发挥作用。

# 第五章 "二孩生育政策"对家庭消费结构影响的实证分析

## 第一节 描述性统计与相关性分析

### 一、描述性统计

在回归分析前，先对未进行匹配的原始家庭样本进行简要的描述性统计。表 5-1 报告的是实验组（受二孩生育政策影响的二孩家庭）和对照组（一直保持一孩的家庭）分组后的描述性统计数据。

表 5-1 分组描述性统计

| DID | variable | N | mean | sd | min | max |
|---|---|---|---|---|---|---|
| 0<br>（对照组） | lnexp | 10,261.00 | 10.99 | 0.84 | 0.00 | 14.81 |
| | lnxfscx | 10,261.00 | 10.14 | 0.96 | 0.00 | 12.23 |

续　表

| DID | variable | N | mean | sd | min | max |
|---|---|---|---|---|---|---|
| 0<br>（对照组） | lnxffzxl | 10,261.00 | 9.77 | 1.14 | 0.00 | 12.42 |
| | c1sex | 10,261.00 | 0.53 | 0.50 | 0.00 | 1.00 |
| | mmage222 | 10,261.00 | 18.55 | 6.27 | 2.89 | 29.16 |
| | edumax | 10,261.00 | 2.52 | 1.20 | 0.00 | 9.00 |
| | lnfincome1 | 10,261.00 | 10.55 | 2.08 | 0.00 | 13.12 |
| | fr1 | 10,261.00 | 2.07 | 2.28 | 0.00 | 5.00 |
| | tzn | 10,261.00 | 0.27 | 0.44 | 0.00 | 1.00 |
| | lnfinance_asset | 10,261.00 | 8.01 | 4.53 | 0.00 | 13.82 |
| | lnhouseasset_gross | 9,521.00 | 12.17 | 2.69 | 0.00 | 15.82 |
| | zgzc | 9,539.00 | 0.38 | 0.49 | 0.00 | 1.00 |
| | jjzc | 9,539.00 | 0.25 | 0.43 | 0.00 | 1.00 |
| | lnfp502 | 10,261.00 | 2.38 | 2.99 | 0.00 | 9.90 |
| | lnfp503 | 10,261.00 | 2.47 | 3.72 | 0.00 | 11.78 |
| | lnfp510 | 10,261.00 | 5.65 | 4.14 | 0.00 | 12.90 |
| | lnfp512 | 10,261.00 | 1.19 | 2.66 | 0.00 | 11.51 |
| | lnfp513 | 10,261.00 | 4.79 | 2.78 | 0.00 | 10.82 |
| 1<br>（实验组） | lnexp | 837.00 | 11.26 | 0.90 | 0.00 | 13.92 |

续　表

| DID | variable | N | mean | sd | min | max |
|---|---|---|---|---|---|---|
| | lnxfscx | 837.00 | 10.43 | 0.88 | 0.00 | 12.23 |
| | lnxffzxl | 837.00 | 10.09 | 1.15 | 0.00 | 12.42 |
| | c1sex | 837.00 | 0.46 | 0.50 | 0.00 | 1.00 |
| | mmage222 | 837.00 | 11.40 | 3.68 | 3.61 | 29.16 |
| | edumax | 837.00 | 2.65 | 1.05 | 0.00 | 9.00 |
| | lnfincome1 | 837.00 | 10.91 | 1.75 | 0.00 | 13.12 |
| | fr1 | 837.00 | 3.16 | 2.20 | 0.00 | 5.00 |
| | tzn | 837.00 | 0.20 | 0.40 | 0.00 | 1.00 |
| 1（实验组） | lnfinance_asset | 837.00 | 8.59 | 4.32 | 0.00 | 13.82 |
| | lnhouseasset_gross | 771.00 | 12.68 | 1.91 | 0.00 | 15.82 |
| | zgzc | 801.00 | 0.60 | 0.49 | 0.00 | 1.00 |
| | jjzc | 801.00 | 0.28 | 0.45 | 0.00 | 1.00 |
| | lnfp502 | 837.00 | 3.30 | 3.17 | 0.00 | 9.90 |
| | lnfp503 | 837.00 | 2.97 | 3.78 | 0.00 | 11.51 |
| | lnfp510 | 837.00 | 7.32 | 3.06 | 0.00 | 11.92 |
| | lnfp512 | 837.00 | 1.43 | 2.88 | 0.00 | 10.31 |
| | lnfp513 | 837.00 | 5.55 | 2.31 | 0.00 | 9.90 |

续　表

| DID | variable | N | mean | sd | min | max |
|---|---|---|---|---|---|---|
| Total | lnexp | 11,098.00 | 11.01 | 0.85 | 0.00 | 14.81 |
| | lnxfscx | 11,098.00 | 10.16 | 0.95 | 0.00 | 12.23 |
| | lnxffzxl | 11,098.00 | 9.80 | 1.14 | 0.00 | 12.42 |
| | c1sex | 11,098.00 | 0.52 | 0.50 | 0.00 | 1.00 |
| | mmage222 | 11,098.00 | 18.01 | 6.40 | 2.89 | 29.16 |
| | edumax | 11,098.00 | 2.52 | 1.19 | 0.00 | 9.00 |
| | lnfincome1 | 11,098.00 | 10.58 | 2.06 | 0.00 | 13.12 |
| | fr1 | 11,098.00 | 2.15 | 2.29 | 0.00 | 5.00 |
| | tzn | 11,098.00 | 0.27 | 0.44 | 0.00 | 1.00 |
| | lnfinance_asset | 11,098.00 | 8.06 | 4.52 | 0.00 | 13.82 |
| | lnhouseasset_gross | 10,292.00 | 12.21 | 2.64 | 0.00 | 15.82 |
| | zgzc | 10,340.00 | 0.40 | 0.49 | 0.00 | 1.00 |
| | jjzc | 10,340.00 | 0.25 | 0.44 | 0.00 | 1.00 |
| | lnfp502 | 11,098.00 | 2.45 | 3.01 | 0.00 | 9.90 |
| | lnfp503 | 11,098.00 | 2.51 | 3.73 | 0.00 | 11.78 |
| | lnfp510 | 11,098.00 | 5.77 | 4.09 | 0.00 | 12.90 |
| | lnfp512 | 11,098.00 | 1.21 | 2.68 | 0.00 | 11.51 |

| DID | variable | N | mean | sd | min | max |
| --- | --- | --- | --- | --- | --- | --- |
| Total | lnfp513 | 11,098.00 | 4.85 | 2.75 | 0.00 | 10.82 |

从初步的描述性统计可以看出，实验组和对照组相比，家庭总消费、家庭生存型消费、家庭发展与享乐型消费等反映家庭消费水平和消费结构的变量均值均较高，而且在家庭文化娱乐支出、旅游支出、教育培训支出、保健支出、美容支出等享受发展性支出各项，实验组均比对照组高，虽然由于 CFPS 在调查时各年份项目收集数据不健全，但也能大体上把握两组差异，这与任慧玲利用生育政策与居民消费结构进行灰色关联度计算得出的结果相一致（任慧玲，2019）。再看家庭收入、家庭金融资产、家庭房屋价值等反映家庭财富水平的变量均值，实验组也比对照组要高。而从第一个孩子性别指标看来，实验组一孩是女孩的情况平均比对照组要多。再从母亲年龄平方/100 指标来看，实验组母亲年龄普遍要小于对照组，这表明"二孩生育政策"对年轻的适龄母亲作用效果更佳。最后再看家庭经济支持和家庭照顾支持两个变量均值反映出实验组比对照组拥有更多的家庭经济支持和照顾支持。由此初步认为实验组和对照组在家庭财富、家庭支持、母亲年龄、第一个孩子性别等方面存在着差异。在做 PSM 检验匹配时可以选择上述变量作为匹配的特征变量。

## 二、变量相关性分析

表 5-2　变量相关性系数矩阵

（1）

| Variables | lnexp | lnpce | lnxf_scx | lnxf_fzxl | c1_sex | mmage222 | edu_max | lnfincome1 | fr1 | tzn | jjzc | zgzc |
|---|---|---|---|---|---|---|---|---|---|---|---|---|
| lnexp | 1.00 | — | — | — | — | — | — | — | — | — | — | — |
| lnpce | 0.94*** | 1.00 | — | — | — | — | — | — | — | — | — | — |
|  | (0.00) | — | — | — | — | — | — | — | — | — | — | — |
| lnxf_scx | 0.64*** | 0.69*** | 1.00 | — | — | — | — | — | — | — | — | — |
|  | (0.00) | (0.00) | — | — | — | — | — | — | — | — | — | — |
| lnxf_fzxl | 0.75*** | 0.78*** | 0.38*** | 1.00 | — | — | — | — | — | — | — | — |
|  | (0.00) | (0.00) | (0.00) | — | — | — | — | — | — | — | — | — |
| c1_sex | −0.00 | −0.01 | 0.01 | −0.02** | 1.00 | — | — | — | — | — | — | — |
|  | (0.74) | (0.29) | (0.52) | (0.01) | — | — | — | — | — | — | — | — |
| mmage222 | −0.10*** | −0.12*** | −0.11*** | −0.11*** | 0.03*** | 1.00 | — | — | — | — | — | — |
|  | (0.00) | (0.00) | (0.00) | (0.00) | (0.00) | — | — | — | — | — | — | — |

续 表

| (1)<br>Variables | lnexp | lnpce | lnxf_scx | lnxf_fzxl | c1_sex | mmage222 | edu_max | lnfincome1 | fr1 | tzn | jjzc | zgzc |
|---|---|---|---|---|---|---|---|---|---|---|---|---|
| edu_max | 0.26***<br>(0.00) | 0.26***<br>(0.00) | 0.20***<br>(0.00) | 0.26***<br>(0.00) | −0.03***<br>(0.00) | −0.15***<br>(0.00) | 1.00 | — | — | — | — | — |
| lnfincome1 | 0.31***<br>(0.00) | 0.29***<br>(0.00) | 0.21***<br>(0.00) | 0.23***<br>(0.00) | 0.02**<br>(0.04) | 0.01<br>(0.29) | 0.15***<br>(0.00) | 1.00 | — | — | — | — |
| fr1 | 0.12***<br>(0.00) | 0.11***<br>(0.00) | 0.06***<br>(0.00) | 0.08***<br>(0.00) | 0.01<br>(0.57) | 0.02<br>(0.11) | −0.05***<br>(0.00) | 0.22***<br>(0.00) | 1.00 | — | — | — |
| tzn | 0.17***<br>(0.00) | 0.17***<br>(0.00) | 0.13***<br>(0.00) | 0.16***<br>(0.00) | −0.02**<br>(0.01) | 0.02**<br>(0.01) | 0.35***<br>(0.00) | 0.16***<br>(0.00) | −0.02*<br>(0.09) | 1.00 | — | — |
| jjzc | 0.07***<br>(0.00) | 0.08***<br>(0.00) | 0.05***<br>(0.00) | 0.08***<br>(0.00) | 0.03***<br>(0.01) | −0.03***<br>(0.00) | 0.07***<br>(0.00) | 0.04***<br>(0.00) | −0.03***<br>(0.01) | 0.08***<br>(0.00) | 1.00 | — |
| zgzc | 0.10***<br>(0.00) | 0.11***<br>(0.00) | 0.09***<br>(0.00) | 0.09***<br>(0.00) | 0.02**<br>(0.02) | −0.22***<br>(0.00) | 0.03***<br>(0.00) | 0.07***<br>(0.00) | 0.00<br>(0.90) | −0.00<br>(0.94) | 0.31***<br>(0.00) | 1.00 |

p−values in parentheses

*p<0.1, **p<0.05, ***p<0.01

此外，我们还进行了相关系数分析，结果显示两个被解释变量家庭消费和家庭总支出的相关系数为 0.94，且通过 1% 的显著性水平检验，说明两种衡量家庭消费水平的指标比较接近。另外生存型消费和发展享乐型消费与家庭总消费之间的系数均大于 0.6，且在1% 显著性水平下显著，这是由于生存型消费和发展享乐型消费是家庭总消费的一部分，两者分别衡量消费水平和消费结构的两个方面。其他各变量的相关系数均在 0.5 以下，且方差膨胀因子检验（VIF）值（见表 5-3）都在 5 以下，因此文中选取的变量之间不存在明显的多重共线性问题。

## 三、多重共线性检验

表 5-3  VIF 检验

| Variable | VIF | 1/VIF |
|----------|-----|-------|
| edu_max | 1.24 | 0.81 |
| tzn | 1.17 | 0.86 |
| lnfincome1 | 1.14 | 0.88 |
| mmage222 | 1.13 | 0.88 |
| did | 1.13 | 0.89 |
| jsc_3df | 1.12 | 0.89 |
| fr1 | 1.10 | 0.91 |
| provcd | 1.01 | 0.99 |
| c1_sex | 1.00 | 0.99 |

续 表

| Variable | VIF | 1/VIF |
|----------|-----|-------|
| MeanVIF | 1.12 | — |

表 5-3 报告了解释变量之间的多重共线性检验，所有变量 VIF 值都小于 5，表示没有多重共线性问题。

## 四、样本匹配情况

表 5-4 控制变量前后平衡性检验结果

| Variable（s） | MeanControl | MeanTreated | Diff. | ltl | Pr（|T|>|t|）（|T|>|t|） |
|--------------|-------------|-------------|-------|-----|-----------------------|
| lnpce | 10.797 | 11.474 | 0.677 | 1.44 | 0.1506 |
| C1_sex | 0.527 | 0.667 | 0.140 | 0.49 | 0.6269 |
| Mmage222 | 18.562 | 9.060 | −9.502 | 2.63 | 0.0087★★★ |
| edu_max | 2.515 | 3.333 | 0.819 | 1.18 | 0.2367 |
| lnfincomel | 10.550 | 11.929 | 1.379 | 1.15 | 0.2512 |
| frl | 2.070 | 2.333 | 0.263 | 0.20 | 0.8415 |
| tzn | 0.271 | 0.000 | −0.271 | 1.06 | 0.2908 |
| Jzc_3df | 2.052 | 2.667 | 0.615 | 1.33 | 0.1824 |
| provcd | 36.516 | 43.667 | 7.151 | 0.89 | 0.3751 |

★★★p<0.01；★★p<0.05；★p<0.1

我们在描述性统计基础之上，进一步采用 T 检验来验证控制变量在实验组与控制组中的平衡情况，原假设是各变量在实验组与控制组的均值是相等的。由表5-4报告可以看出，大部分变量均值不显著，只有年龄的平方/100在政策干预前后不平衡，这与描述性统计的结果基本相一致。基本不存在由于变量本身不平衡造成的效果差异。DID-PSM倾向值匹配方法可以在稳定性检验中，通过为处理组寻找对照组的方法验证结果稳定性。

## 第二节　"二孩生育政策"对家庭消费的总体影响估计

表5-5　生育政策对二孩家庭消费的影响估计结果

| Variables | （1）lnexp | （2）lnexp | （3）lnxf_sex | （4）lnxf_sex | （5）lnxf_fzxl | （6）lnxf_fzxl |
|---|---|---|---|---|---|---|
| did | 0.199★★★ | 0.123★★★ | 0.263★★★ | 0.129★★★ | 0.215★★★ | 0.145★★ |
| | （4.23） | （2.58） | （4.39） | （2.71） | （3.22） | （2.16） |
| c1_sex | − | −0.122★★ | − | −0.059 | − | −0.101 |
| | − | （−2.15） | − | （−0.99） | − | （−1.20） |
| mmage222 | − | −0.010★★★ | − | −0.009★★ | − | −0.017★★★ |
| | − | （−2.82） | − | （−2.57） | − | （−3.27） |
| edu_max | − | 0.025★★ | − | 0.052★★ | − | 0.015 |
| | − | （1.98） | − | （2.32） | − | （0.80） |

续 表

| Variables | （1）<br>lnexp | （2）<br>lnexp | （3）<br>lnxf_sex | （4）<br>lnxf_sex | （5）<br>lnxf_fzxl | （6）<br>lnxf_fzxl |
|---|---|---|---|---|---|---|
| lnfincome1 | － | 0.011★★★ | － | 0.005 | － | 0.012★ |
|  | － | （2.68） | － | （1.08） | － | （1.69） |
| fr1 | － | −0.025★★★ | － | −0.031★★★ | － | −0.010 |
|  | － | （−4.11） | － | （−4.29） | － | （−1.15） |
| tzn | － | −0.020 | － | −0.013 | － | −0.010 |
|  | － | （−0.73） | － | （−0.46） | － | （−0.25） |
| jzc_3df | － | 0.122★★★ | － | 0.085★★★ | － | 0.171★★★ |
|  | － | （8.33） | － | （5.32˙） | － | （7.53） |
| provcd | － | −0.007 | － | −0.008★ | － | −0.001 |
|  | － | （−1.38） | － | （−1.78） | － | （−0.12） |
| Constant | 11.014★★★ | 11.214★★★ | 10.350★★★ | 10.637★★★ | 10.051★★★ | 10.015★★★ |
|  | （892.44） | （50.72） | （728.89） | （49.06） | （519.08） | （28.13） |
| Observations | 11,098 | 11,098 | 11,098 | 11,098 | 11,098 | 11,098 |
| R−squared | 0.126 | 0.147 | 0.080 | 0.106 | 0.054 | 0.070 |

Robustt−statistics in parentheses

★★★p<0.01，★★p<0.05，★p<0.1

表5-5报告了生育政策变化对家庭消费影响的双重差分检验结果。其中，第（1）列、第（3）列、第（5）列为不含控制变量的固定效应估计，第（2）列、第（4）列、第（6）列为考虑了控制变量的固定效应估计。第（2）列为二孩生育政策对家庭总消费的影响，

实证结果表明，二孩生育政策使家庭总支出显著增加 1.23%，且系数在 1% 显著性水平下显著，说明二孩生育政策对生育二孩家庭消费水平有促进作用，从而验证了假设 H1a。根据第（4）列与第（6）列的结果，我们发现，二孩生育政策使家庭生存型消费增加 12.9%，发展享乐型消费增加 14.5%，且该系数均在 1% 显著性水平下显著，验证了假设 H1b。实证数据表明，二孩生育政策对二孩家庭的消费结构升级起到了正向作用，因为发展享乐型消费的促进作用（0.145）要高于生存型消费（0.129），这可能由于二孩家庭随着孩子数量的增加，教育费用、文化消费等均有所增加的缘故。这反驳了孩子数量替代质量理论，并支持了黄志国等（2022）的结论。

从控制变量看，家庭中第一个孩子的性别与被解释变量家庭消费总量负相关，也就是说如果家庭中第一个生育的是男孩的话，可能对家庭总体消费水平产生负面效应。这是由于中国家庭传统和婚恋市场的行情决定了，父母一般为儿子攒钱买房或者负担首付款，因此可能家庭中第一个孩子是男孩的家庭会有意识降低家庭消费，很可能会为买房而提前储蓄（陈友华和曹云鹤，2021）。再看母亲年龄的平方 /100 与被解释变量全部显著负相关，这反映出孩子妈妈越年轻，家庭消费和支出越多，这与不同年龄层消费习惯和观念有关，也可能与同群示范效应有关。而家庭中父母的最高学历与被解释变量家庭总消费和家庭生存型消费在 5% 显著水平下显著正相关，这可能是由于学历越高的人群收入越高有关，也可能是学历越高的人群消费观念也越强有关。但是家庭最高学历和发展享乐型消费系数虽然为正，但是并不显著，这可能是由于家庭收入差距或者说资产差距很大，而高收入或者高资产人群并非一定是高学历人群。而家庭收入主要对发展型消费起到正向作用，从而提高整体家庭消费水平。这是因为无论收入高低，生存型消费中的吃、穿、住、行是必须支出的项目，即使收入少，其降低幅度也有限，而如果收入增加，由于城镇家庭的生存型消费已经得到很大满足，所以会增加发展享乐型消费。而家庭除自住住房外是否还拥有其他房产变量对家庭总支出、家庭生存型消费起到显著正向促进作用，对发展享乐型消费正向作用并不显著，也就是房子越多消费水平越高，这基本符合常理，之所以与发展享乐型消费没起到显著性作用，可能是因为各地的房产价格相差悬殊，数量并不能代表整体家庭财富。但是看家庭财富等级的话，我们会发现家庭财富等级越高的家庭，其消费水平和消费结构均会显著提升。最后，父母是否为体制内员工这个变量与被解释变量也全部显著正相关，这很符合中国国情，所有体制内员工（政府机关、国企、事业单位）一般比普通员工具有特殊的身份地位以及隐性福利、待遇等，从而使得体制内员工家庭的消费和支出要高于其他雇主性质的员工家庭。

# 第三节　验证DID估计结果的稳健性检验

## 一、平行趋势检验

DID 使用的前提为符合平行趋势假设，即实验组家庭与对照组家庭在政策冲击之前的被解释变量的变化趋势不存在显著差异，也就是说"二孩生育政策"对家庭消费水平和家庭消费结构的影响应当是在家庭受政策影响生育二孩之后才显著，在此之前并不显著，不过由于每个家庭决策生育二孩的时间不一定相同，因此本研究使用的是多时点 DID 模型，平行趋势检验也与普通 DID 有所不同。

多期 DID 与单期 DID 验证平行趋势假设思路相同，仍然是采用事件研究法来分解分析政策经济效应年际动态趋势，只是在计算政策时点前后期数的时候有所不同，单期 DID 是当前时间减去政策统一实施时间，而多期 DID 是当前时间减去各自政策实施时间。根据以上思想，我们借鉴 BeckT 等（2010）和 CerulliG 等（2019）研究方法，构建如下模型检验政策作用前后的平行趋势：

$$Y_{it} = \alpha + \sum_{j=-M}^{N} \delta j\, REFORM_{i,\ t-j} + \gamma Z_{it} + \lambda_i + v_t + \varepsilon_{it} \quad (3)$$

其中，Y 表示消费水平，用家庭总消费的自然对数来表示。REFORM_(i，t–j) 是一个虚拟变量，如果家庭在 t–j 时期生育了二孩，那么该变量取值为 1，否则为 0（M、N 分别代表政策时点前、后的期数）。举例说明，当 j=–2 时，虚拟变量 REFORM_(i，t+2) 表示的就是家庭 i 在 t+2 时期执行二孩生育政策生育了二孩，其衡量就是家庭 i 生二孩两年的效应。因此，$\delta\_0$ 衡量的是家庭生育二孩当期的政策效果，$\delta\_{(-M)}$ 到 $\delta\_{(-1)}$ 衡量的是生育二孩之前 1–M 期的政策效果，$\delta\_1$ 到 $\delta\_N$ 衡量的是家庭生育二孩之后 1–N 期的政策效果。如果 $\delta\_{(-M)}$ 到 $\delta\_{(-2)}$ 显著为 0，那么就说明政策之前第 2–M 期处理组和控制组之间不存在显著差异（以 –1 期为基准组），也就是平行趋势假设成立。

图 5–1 到图 5–3 分别绘制了政策作用前后的家庭消费水平和消费结构趋势图，由此可知实验组和控制组在政策冲击之前的家庭消费水平和消费结构均不存在明显的差异，较好地满足了平行趋势假设，而在政策作用当年（也就是生育二孩当年）及之后的年份中，实验组的家庭消费量显著增加了。说明二孩生育政策实施后明显促进了二孩家庭消费水平和消费结构升级，进一步验证了 DID 结果的稳健性。此外，我们发现从政策作用时期开始后，消费水平先是缓慢增长，而后随着年份增加幅度越来越大，这可能是随着二孩年龄增加消费更多，也有可能是政策的滞后效果更明显。

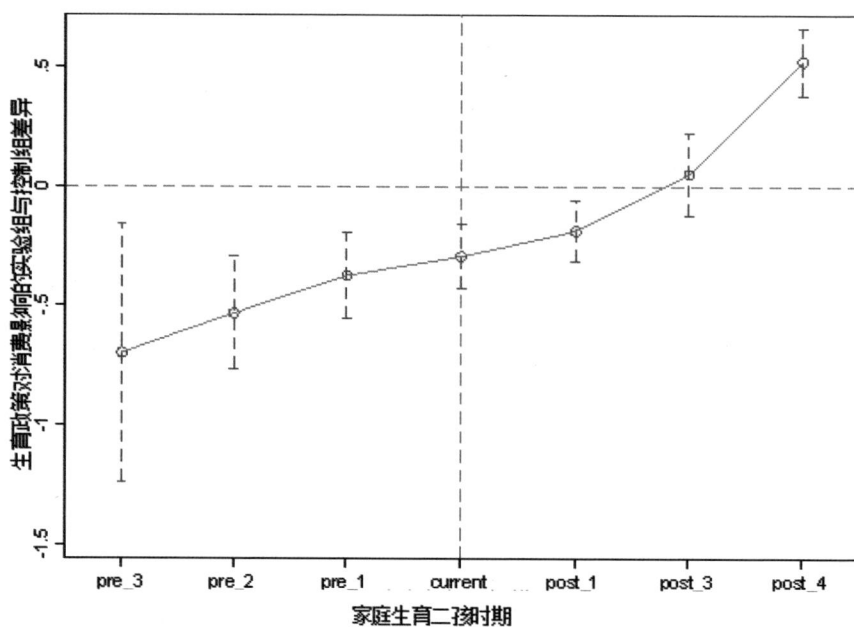

图5-1家庭总消费的平行趋势检验

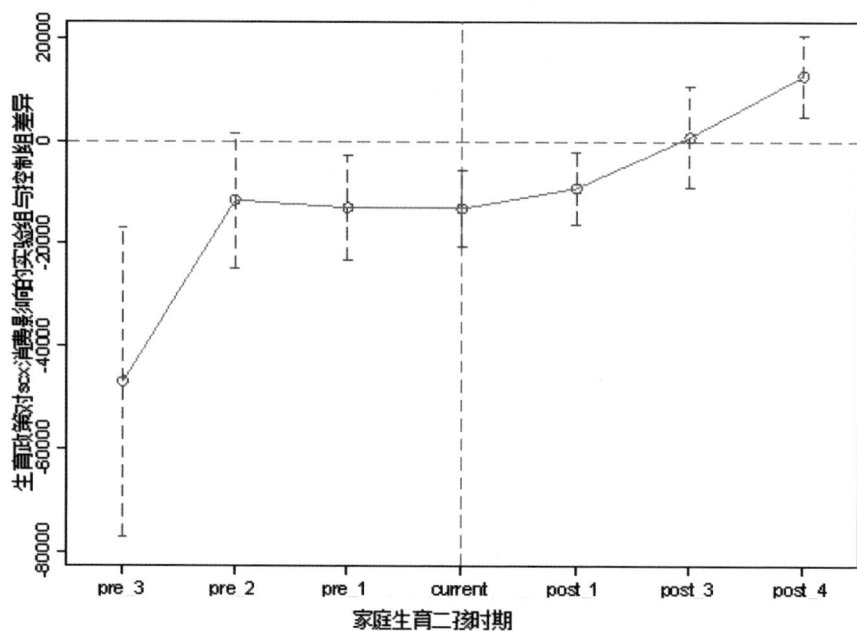

图5-2 家庭生存性消费的平行趋势检验

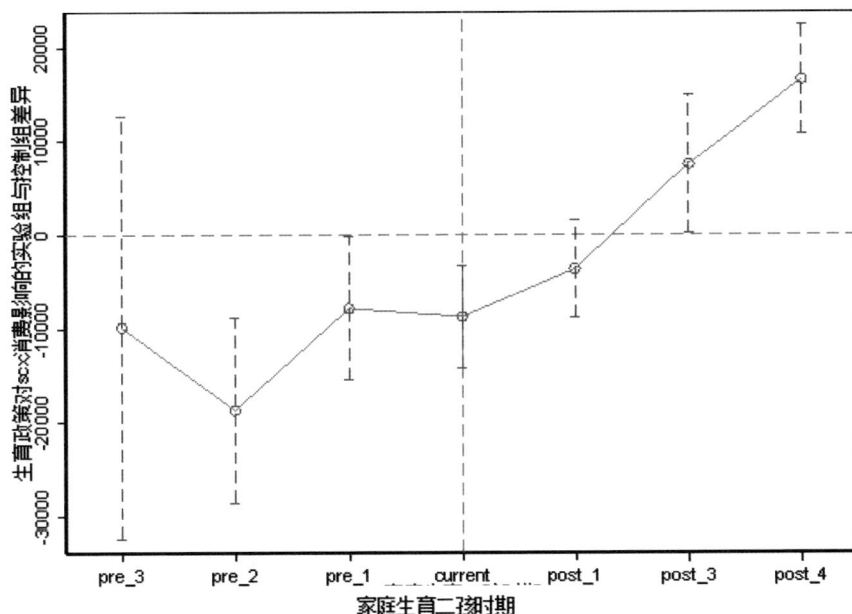

图5-3 家庭发展与享乐型消费的平行趋势检验

## 二、PSM-DID检验

由于生育二孩的家庭和非生育二孩的家庭在家庭属性多方面有所不同，直接采用双重差分模型检验"二孩生育政策"对家庭消费水平和消费结构升级的影响可能存在一定的偏差。而本书应用的模型是多时点 DID，PSM–DID 检验方法与普通 PSM–DID 有所差异，在参考了 LuJ.（2015）运用逐年倾向得分匹配法为家庭配对，以减少实验组和控制组之间的差异，降低样本选择性偏差造成的内生性干扰。表 5-6 列出了匹配前后主要变量的均值检验结果。其中前两列结果为匹配前各变量的均值检验结果，可发现匹配前实验组二孩家庭与对照组一孩家庭在家庭人口数和母亲年龄方面均值差异显著，故可认为实验组与对照组在匹配前有差异，为排除以上因素带来的样本自选择问题，又参考尹志超等（2021）、汪伟等（2020）和 Jia 等（2021）的研究，选取母亲年龄、家庭人口数，以及家庭其他房产匹配变量加入回归中，然后根据计算得出的倾向性得分，采用半径匹配法进行匹配，并将卡尺范围定为 0.05，最终得到 3773 个样本观测值，其中实验组 1022 个，对照组 2751 个。

表 5-6　PSM 前后变量均值检验

| Variable(s) | t 值 | p 值 | t 值 | p 值 |
| --- | --- | --- | --- | --- |
| lnpce | 1.44 | 0.1506 | 0.84 | 0.4007 |
| fml_count | 2.41 | 0.0158★★ | 0.53 | 0.5984 |
| c1_sex | 0.49 | 0.6269 | 0.01 | 0.9909 |
| mmage222 | 2.63 | 0.0087★★★ | 0.85 | 0.3945 |
| edu_max | 1.18 | 0.2367 | 1.02 | 0.3085 |
| lnfincome1 | 1.15 | 0.2512 | 0.73 | 0.4650 |
| fr1 | 0.20 | 0.8415 | 0.31 | 0.7597 |
| tzn | 1.06 | 0.2908 | 0.67 | 0.5044 |
| zc_3df | 1.33 | 0.1824 | 0.60 | 0.5510 |
| provcd | 0.89 | 0.3751 | 0.50 | 0.6188 |

★★★$p<0.01$，★★$p<0.05$，★$p<0.1$

可以发现，经过匹配之后，各变量不存在显著的组间差异，匹配结果整体较为理想。在此基础上，表 5-7 报告的是倾向匹配之后双重差分的实证结果，整体结果与表5-5基本一致。在排除了自选择问题后，二孩生育政策使家庭消费水平增加了12.3%，生存型消费增加了12.8%，发展享乐型消费增加了14.7%。因此，PSM-DID的结果更加肯定了前文的结论。

表5-7　生育政策对二孩家庭消费的影响估计结果（PSM-DID）

| Variables | (1) | (2) | (3) | (4) | (5) | (6) |
|---|---|---|---|---|---|---|
| | lnpce | lnpce | lnxf_scx | lnxf_scx | lnxf_fzxl | lnxf_fzxl |
| did | 0.199★★★ | 0.123★★★ | 0.263★★★ | 0.128★★★ | 0.215★★★ | 0.147★★ |
| | (4.23) | (2.58) | (4.39) | (2.69) | (3.23) | (2.18) |
| c1_sex | – | −0.123★★ | – | −0.062 | – | −0.098 |
| | – | (−2.15) | | (−1.04) | – | (−1.16) |
| mmage222 | – | −0.010★★★ | – | −0.010★★★ | – | −0.017★★★ |
| | – | (−2.81) | | (−2.63) | | (−3.19) |
| edu_max | – | 0.025★★ | – | 0.052★★ | – | 0.015 |
| | – | (1.98) | | (2.31) | | (0.82) |
| lnfincome1 | – | 0.011★★★ | – | 0.005 | – | 0.012★ |
| | – | (2.68) | | (1.07) | | (1.69) |
| fr1 | – | −0.025★★★ | – | −0.030★★★ | – | −0.010 |
| | – | (−4.12) | | (−4.28) | – | (−1.19) |
| tzn | – | −0.020 | – | −0.013 | – | −0.010 |
| | – | (−0.73) | | (−0.46) | | (−0.25) |
| jzc_3df | – | 0.122★★★ | – | 0.084★★★ | – | 0.170★★★ |
| | – | (8.29) | | (5.28) | | (7.51) |

续　表

| Variables | (1) | (2) | (3) | (4) | (5) | (6) |
|---|---|---|---|---|---|---|
| | lnpce | lnpce | lnxf_scx | lnxf_scx | lnxf_fzxl | lnxf_fzxl |
| Provcd | − | −0.007 | − | −0.008* | − | −0.001 |
| | − | (−1.39) | − | (−1.79) | − | (−0.12) |
| Constant | 11.014*** | 11.217*** | 10.350*** | 10.646*** | 10.051*** | 10.008*** |
| | (892.01) | (50.66) | (728.93) | (49.05) | (518.83) | (28.07) |
| Observations | 11,095 | 11,095 | 11,095 | 11,095 | 11,095 | 10,802 |
| R−squared | 0.126 | 0.147 | 0.079 | 0.106 | 0.054 | 0.069 |

Robust t−statistics in parentheses

***p<0.01，**p<0.05，*p<0.1

## 三、替换变量检验

### (一)替换被解释变量

表5-8　生育政策对二孩家庭消费的稳健性检验(替换被解释变量)

| Variables | (1) | (2) |
|---|---|---|
| | lnexp | lnexp |
| did | 0.164*** | 0.094** |
| | (3.58) | (2.02) |
| c1_sex | − | −0.102* |
| | − | (−1.93) |
| mmage222 | − | −0.010*** |
| | − | (−2.75) |

续　表

| Variables | (1) | (2) |
|---|---|---|
| | lnexp | lnexp |
| edu_max | – | 0.013 |
| | – | (1.06) |
| lnfincome1 | – | 0.015★★★ |
| | – | (3.61) |
| fr1 | – | −0.027★★★ |
| | – | (−4.53) |
| tzn | – | −0.017 |
| | – | (−0.60) |
| jzc_3df | – | 0.131★★★ |
| | – | (8.93) |
| provcd | – | −0.007 |
| | – | (−1.39) |
| Constant | 11.223★★★ | 11.358★★★ |
| | (908.26) | (55.30) |
| Observations | 11,098 | 11,098 |
| R−squared | 0.154 | 0.178 |

Robustt−statistics in parentheses

★★★p<0.01，★★p<0.05，★p<0.1

本节通过替换被解释变量的方法检测结果稳健性。参考汪伟等（2020）的替换被解释变量做法以及前面的相关性检验结果，在此选用家庭总支出来替换家庭总消费，表5-8的回归结果显示，替换被解释变量为家庭总支出后，核心解释变量对被解释变量的影响依然呈显著正相关，在未加入控制变量前，"二孩生育政策"对家庭总支出的影响在1%显著水平下正相关，在加入控制变量后，"二孩生育政策"对家庭总支出的影响在5%显著水平下正相关。也就是说，替换被解释变量后的结果同样支持了主回归结果，模型稳健。

## （二）替换控制变量

表5-9　生育政策对二孩家庭消费的稳健性检验（替换控制变量）

| Variables | (1) lnpce | (2) lnxf_scx | (3) lnxf_fzxl |
|---|---|---|---|
| did | 0.125★★★ | 0.129★★★ | 0.146★★ |
| | (2.61) | (2.72) | (2.18) |
| c1_sex | −0.123★★ | −0.059 | −0.102 |
| | (−2.15) | (−1.00) | (−1.21) |
| mmage222 | −0.010★★★ | −0.009★★ | −0.017★★★ |
| | (−2.83) | (−2.57) | (−3.28) |
| edu_max | 0.025★★ | 0.052★★ | 0.015 |
| | (1.97) | (2.32) | (0.79) |
| lnfincome1_per | 0.010★★ | 0.004 | 0.008 |
| | (2.05) | (0.68) | (1.04) |
| fr1 | −0.025★★★ | −0.031★★★ | −0.010 |
| | (−4.11) | (−4.29) | (−1.16) |

续 表

| Variables | (1) | (2) | (3) |
| --- | --- | --- | --- |
| | lnpce | lnxf_scx | lnxf_fzxl |
| tzn | −0.019 | −0.013 | −0.008 |
| | (−0.70) | (−0.43) | (−0.21) |
| jzc_3df | 0.123★★★ | 0.085★★★ | 0.172★★★ |
| | (8.38) | (5.35) | (7.57) |
| provcd | −0.007 | −0.008★ | −0.001 |
| | (−1.37) | (−1.78) | (−0.12) |
| Constant | 11.242★★★ | 10.658★★★ | 10.065★★★ |
| | (50.83) | (49.06) | (28.27) |
| Observations | 11,098 | 11,098 | 11,098 |
| R−squared | 0.147 | 0.106 | 0.069 |

Robustt−statistics in parentheses

★★★p<0.01，★★p<0.05，★p<0.1

　　本节稳健性检验通过替换控制变量来检测稳健性水平，参考王芳和黄莉芳（2019）针对家庭特征对居民消费支出的影响分析变量，在此选用家庭人均收入替代家庭总收入，家庭人均收入指标与家庭收入指标相比，多考虑了家庭人数的变化，根据上表的回归结果显示，替换被解释变量为家庭总支出后，核心解释变量对被解释变量的影响依然呈显著正相关，而且对家庭消费水平和生存型消费的影响仍然在 1% 显著水平下显著，对家庭发展与享乐型消费的影响在 5% 显著水平下显著。结果与主回归检验结果一致，证明替换控制变量后的结果也支持了主回归结果，模型稳健。

## 四、缩小样本检验

本书以 CFPS 的个体特征变量和社区变量为基础，对实验组家庭数据进行了进一步处理，对已有的全样本为至少有一个孩子的家庭，实验组家庭为 2011 年实施逐步放开"二孩生育政策"以后生育二孩的家庭，但是从政策实施后的全国新增出生人口的统计数据来看，"单独二孩"政策效果较差（乔晓春，2015）。还有研究结果表明："单独二孩"政策对于家庭生存型消费和发展享乐型消费均无显著影响，而"全面二孩"生育政策取得了比"单独二孩"政策更明显的效果（汪伟等，2020）。由于"双独"二孩生育政策受众面窄、"单独"二孩生育政策效果也不理想，只有自 2016 年全面"二孩生育政策"放开以来，"二孩生育政策"效果才逐步显现，并且二孩生育率超过了一孩生育率。因此本节进一步缩小处理组样本为 2016 年来全面放开"二孩生育政策"以来生育二孩的家庭。

表 5-10  对二孩家庭消费的缩小样本检验

| Variables | (1) | (2) | (3) | (4) | (5) | (6) |
| --- | --- | --- | --- | --- | --- | --- |
| | lnpce | lnpce | lnxf_scx | lnxf_scx | lnxf_fzxl | lnxf_fzxl |
| did | 0.247*** | 0.171*** | 0.270*** | 0.164** | 0.275*** | 0.196** |
| | (3.97) | (2.68) | (3.64) | (2.53) | (3.06) | (2.20) |
| c1_sex | — | −0.121** | — | −0.058 | — | −0.100 |
| | — | (−2.13) | — | (−0.98) | — | (−1.19) |

续　表

| Variables | (1) lnpce | (2) lnpce | (3) lnxf_scx | (4) lnxf_scx | (5) lnxf_fzxl | (6) lnxf_fzxl |
|---|---|---|---|---|---|---|
| mmage222 | — | −0.011★★★ | — | −0.010★★★ | — | −0.017★★★ |
| | — | (−2.88) | — | (−2.67) | — | (−3.34) |
| edu_max | — | 0.025★★ | — | 0.052★★ | — | 0.015 |
| | — | (2.01) | — | (2.33) | — | (0.82) |
| lnfincome1 | — | 0.011★★★ | — | 0.005 | — | 0.012★ |
| | — | (2.71) | — | (1.10) | — | (1.71) |
| fr1 | — | −0.024★★★ | — | −0.030★★★ | — | −0.010 |
| | — | (−4.08) | — | (−4.28) | — | (−1.13) |
| tzn | — | −0.019 | — | −0.013 | — | −0.009 |
| | — | (−0.71) | — | (−0.44) | — | (−0.24) |
| jzc_3df | — | 0.122★★★ | — | 0.085★★★ | — | 0.170★★★ |
| | — | (8.31) | — | (5.30) | — | (7.51) |
| provcd | — | −0.007 | — | −0.007★ | — | −0.000 |
| | — | (−1.27) | — | (−1.68) | — | (−0.04) |
| Constant | 11.021★★★ | 11.195★★★ | 10.363★★★ | 10.624★★★ | 10.058★★★ | 9.996★★★ |
| | (930.55) | (50.39) | (753.35) | (49.29) | (546.73) | (27.89) |
| Observations | 11,098 | 11,098 | 11,098 | 11,098 | 11,098 | 11,098 |
| R−squared | 0.126 | 0.148 | 0.078 | 0.106 | 0.054 | 0.070 |

Robustt−statistics in parentheses

★★★p<0.01，★★p<0.05，★p<0.1

　　缩小样本为"全面二孩"政策实施后的二孩家庭，发现二孩生育政策对家庭消费水平和消费结构的影响依然和主回归结果类似，只是在加入控制变量以后，对消费结构中生存型消费和发展享乐型消费的影响是在5%的显著水平下为正，政策效果没有加入"全面二孩"政策后的全样本那么显著。原因一方面可能是有的学者用人口统计指标考察的"二孩生育政策"对生育率的政策效果，而非对家庭消费的考察（乔晓春，2015）。另一方面是样本范围只是针对"单独二孩"政策，而没有考虑"双独"群体，而"单独""二孩生育政策"是在"双独""二孩生育政策"之后实施，而且间隔较短，被释放生育权的家庭不一定会马上生育二孩，就像"全面二孩"实施后的新生二孩也有很多是"双独"或者"单独"家庭，因此，基于政策的滞后性以及"二孩经济"渗透发展，二孩家庭消费水平和消费结构都发生了正向变化。

## 第四节 "二孩生育政策"对家庭消费结构影响的中介效应检验

根据第四章的理论假说，家庭中是否有"代际扶持"将直接影响目标家庭的消费水平和消费结构，"代际扶持"表现为代际经济扶持和代际照顾扶持增加，代际经济扶持可能会对目标家庭产生"收入效应"，代际照顾扶持可能会对目标家庭产生"保障效应"。"收入效应"可以体现为目标家庭的融资约束放宽，父辈有可能对子辈、孙辈直接给予经济资助，比如给予子辈购房资助，给予孙辈教育及养育资助等；代际照顾扶持则可以体现为目标家庭老人帮忙照顾孩子，保障孩子父母的工作时间和闲暇时间。据此，这里通过引入cfps调查中相关指标经过合并处理后生成的"经济支持"、"照顾支持"变量作为分别代表"收入效应"和"保障效应"的中介变量来构建中介效应模型，以验证"二孩生育政策"对家庭消费水平和消费结构影响的传导机制。

中介效应检验参考温忠麟等（2004）经典的中介检验三步法：第一步，检验二孩生育政策能否促进家庭消费水平和消费结构提升；第二步，检验二孩生育政策是否能够显著提升家庭代际扶持；第三步，家庭代际扶持和二孩生育政策同时对家庭消费水平和消费结构的作用。

# 一、家庭代际经济支持产生的"收入效应"中介效应检验

表 5-11 "收入效应"的检验结果

| Variables | 家庭消费水平 | | | 家庭消费结构 | | | | | |
| --- | --- | --- | --- | --- | --- | --- | --- | --- | --- |
| | 总消费 | | | 生存型消费 | | | 发展享乐型消费 | | |
| | (1) | (2) | (3) | (4) | (5) | (6) | (7) | (8) | (9) |
| | lnpce | jjzc | lnpce | lnxf_scx | jjzc | lnxf_scx | lnxf_fzxl | jjzc | lnxf_fzxl |
| did | 0.123** | 0.323** | 0.132*** | 0.129*** | 0.323** | 0.137*** | 0.145** | 0.323** | 0.157** |
| | (2.58) | (2.02) | (2.71) | (2.71) | (2.02) | (2.85) | (2.16) | (2.02) | (2.29) |
| jjzc | — | — | 0.068** | — | — | 0.033** | — | — | 0.066** |
| | — | — | (2.44) | — | — | (2.24) | — | — | (2.36) |
| c1_sex | −0.123** | 0.072* | −0.137** | −0.059 | 0.072* | −0.064 | −0.101 | 0.072* | −0.111 |
| | (−2.15) | (1.91) | (−2.32) | (−1.00) | (1.91) | (−1.03) | (−1.20) | (1.91) | (−1.28) |
| mmage222 | −0.010*** | −0.000 | −0.010*** | −0.009*** | −0.000 | −0.009*** | −0.017*** | −0.000 | −0.017*** |
| | (−2.80) | (−0.15) | (−2.63) | (−2.56) | (−0.15) | (−2.50) | (−3.26) | (−0.15) | (−3.18) |
| edu_max | 0.025** | −0.003 | 0.019 | 0.052** | −0.003 | 0.048** | 0.015 | −0.003 | 0.009 |
| | (1.97) | (−0.67) | (1.55) | (2.32) | (−0.67) | (2.05) | (0.80) | (−0.67) | (0.50) |

| Variables | 家庭消费水平 | | | 家庭消费结构 | | | | | |
|---|---|---|---|---|---|---|---|---|---|
| | 总消费 | | | 生存型消费 | | | 发展享乐型消费 | | |
| | (1) | (2) | (3) | (4) | (5) | (6) | (7) | (8) | (9) |
| | lnpce | jjzc | lnpce | lnxf_scx | jjzc | lnxf_scx | lnxf_fzxl | jjzc | lnxf_fzxl |
| lnfincome1 | 0.011*** | 0.001 | 0.014*** | 0.005 | 0.001 | 0.007 | 0.012* | 0.001 | 0.012 |
| | (2.65) | (0.93) | (3.03) | (1.06) | (0.93) | (1.41) | (1.68) | (0.93) | (1.64) |
| fr1 | −0.025*** | −0.005 | −0.025*** | −0.031*** | −0.005 | −0.032*** | −0.010 | −0.005 | −0.009 |
| | (−4.12) | (−1.33) | (−4.11) | (−4.30) | (−1.33) | (−4.40) | (−1.15) | (−1.33) | (−1.05) |
| jzc_3df | 0.122*** | 0.000 | 0.124*** | 0.085*** | 0.000 | 0.086*** | 0.171*** | 0.000 | 0.173*** |
| | (8.34) | (0.01) | (8.20) | (5.33) | (0.01) | (5.15) | (7.53) | (0.01) | (7.36) |
| provcd | −0.007 | 0.001 | −0.006 | −0.008* | 0.001 | −0.007 | −0.001 | 0.001 | −0.000 |
| | (−1.39) | (0.31) | (−1.11) | (−1.80) | (0.31) | (−1.55) | (−0.13) | (0.31) | (−0.03) |
| Constant | 11.211*** | 0.188 | 11.145*** | 10.636*** | 0.188 | 10.585*** | 10.014*** | 0.188 | 9.980*** |
| | (50.66) | (1.00) | (46.72) | (49.06) | (1.00) | (47.58) | (28.10) | (1.00) | (25.79) |
| Observations | 10,805 | 10,068 | 10,068 | 10,805 | 10,068 | 10,068 | 10,805 | 10,068 | 10,068 |
| R−squared | 0.147 | 0.003 | 0.152 | 0.106 | 0.003 | 0.104 | 0.070 | 0.003 | 0.071 |

Robustt−statistics in parentheses

***p<0.01, **p<0.05, *p<0.1

表5-9报告的是家庭获得代际经济支持产生的"收入"效应中介机制是否存在。先看第（1）、（4）、（7）列did系数均为正且通过显著性检验，表明"二孩生育政策能显著地提升目标家庭消费水平和生存型消费，以及发展享乐型消费，这在之前已经验证过了。第（2）、（5）（8）列中的did系数为正，且都通过5%显著水平下显著检验，表明"二孩生育政策"显著地增加了家庭"代际经济扶持"。第（3）、（6）、（9）列中中介变量经济支持系数为正，且都通过5%显著水平下显著检验，表明目标家庭获得"代际经济扶持"有利于家庭消费水平的提高和消费结构的升级。原因在于目标家庭获得"代际经济扶持"后，相当于放松了家庭收入约束，即家庭可支配收入增加，根据凯恩斯绝对收入理论，消费随收入的增加而增加。结合第（1）～（9）列，发现存在代际经济扶持的中介效应，即"代际经济扶持"对家庭消费水平和消费结构影响的"收入效应"机制得到验证，从而假说H2a得到了很好的验证。

从表中还可以看出如果一孩是男孩（c1_sex=1），会在10%显著水平下显著增加家庭代际经济支持，在5%显著水平下显著降低家庭总体消费水平，这符合中国家庭为儿子准备房产而储蓄的现实。

## 二、家庭代际经济支持产生的"保障效应"中介效应检验

表 5-12 "保障效应"的检验结果

| Variables | 家庭消费水平 | | | 家庭消费结构 | | | | | |
| --- | --- | --- | --- | --- | --- | --- | --- | --- | --- |
| | 总消费 | | | 生存型消费 | | | 发展享乐型消费 | | |
| | (1) | (2) | (3) | (4) | (5) | (6) | (7) | (8) | (9) |
| | lnpce | zgzc | lnpce | lnxf_scx | zgzc | lnxf_scx | lnxf_fzxl | zgzc | lnxf_fzxl |
| did | 0.123** | 0.219** | 0.132*** | 0.129*** | 0.219** | 0.136*** | 0.145** | 0.219** | 0.156** |
| | (2.58) | (2.30) | (2.67) | (2.71) | (2.30) | (2.80) | (2.16) | (2.30) | (2.28) |
| zgzc | — | — | 0.104*** | — | — | 0.117*** | — | — | 0.095* |
| | — | — | (3.33) | — | — | (3.41) | — | — | (1.81) |
| c1_sex | −0.123** | −0.014 | −0.130** | −0.059 | −0.014 | −0.060 | −0.101 | −0.014 | −0.105 |
| | (−2.15) | (−0.38) | (−2.23) | (−1.00) | (−0.38) | (−0.96) | (−1.20) | (−0.38) | (−1.21) |
| mmage222 | −0.010*** | −0.004** | −0.010** | −0.009** | −0.004** | −0.009** | −0.017*** | −0.004** | −0.017*** |
| | (−2.80) | (−2.08) | (−2.54) | (−2.56) | (−2.08) | (−2.37) | (−3.26) | (−2.08) | (−3.13) |
| edu_max | 0.025** | 0.007 | 0.018 | 0.052** | 0.007 | 0.047** | 0.015 | 0.007 | 0.009 |
| | (1.97) | (1.54) | (1.47) | (2.32) | (1.54) | (2.01) | (0.80) | (1.54) | (0.45) |

续表

| Variables | 家庭消费水平 | | | 生存型消费 | | | 发展享乐型消费 | | |
| --- | --- | --- | --- | --- | --- | --- | --- | --- | --- |
| | 总消费 | | | | | 家庭消费结构 | | | |
| | (1) | (2) | (3) | (4) | (5) | (6) | (7) | (8) | (9) |
| | lnpce | zgzc | lnpce | lnxf_scx | zgzc | lnxf_scx | lnxf_fzxl | zgzc | lnxf_fzxl |
| lnfincome1 | 0.011*** | 0.000 | 0.014*** | 0.005 | 0.000 | 0.007 | 0.012* | 0.000 | 0.012* |
| | (2.65) | (0.09) | (3.05) | (1.06) | (0.09) | (1.42) | (1.68) | (0.09) | (1.65) |
| fr1 | −0.025*** | 0.001 | −0.025*** | −0.031*** | 0.001 | −0.032*** | −0.010 | 0.001 | −0.010 |
| | (−4.12) | (0.37) | (−4.19) | (−4.30) | (0.37) | (−4.45) | (−1.15) | (0.37) | (−1.10) |
| jzc_3df | 0.122*** | 0.006 | 0.124*** | 0.085*** | 0.006 | 0.085*** | 0.171*** | 0.006 | 0.172*** |
| | (8.34) | (0.86) | (8.17) | (5.33) | (0.86) | (5.12) | (7.53) | (0.86) | (7.32) |
| provcd | −0.007 | −0.003 | −0.006 | −0.008* | −0.003 | −0.006 | −0.001 | −0.003 | 0.000 |
| | (−1.39) | (−1.43) | (−1.03) | (−1.80) | (−1.43) | (−1.43) | (−0.13) | (−1.43) | (0.01) |
| Constant | 11.211*** | 0.565*** | 11.099*** | 10.636*** | 0.565*** | 10.525*** | 10.014*** | 0.565*** | 9.939*** |
| | (50.66) | (5.51) | (46.39) | (49.06) | (5.51) | (46.90) | (28.10) | (5.51) | (25.76) |
| Observations | 10,805 | 10,068 | 10,068 | 10,805 | 10,068 | 10,068 | 10,805 | 10,068 | 10,068 |
| R-squared | 0.147 | 0.005 | 0.153 | 0.106 | 0.005 | 0.105 | 0.070 | 0.005 | 0.072 |

Robust-statistics in parentheses

***p<0.01, **p<0.05, *p<0.1

表 5-12 报告了家庭获得代际照顾支持产生的"保障效应"中介机制是否存在。在前文研究中已经从（1）、（4）、（7）列 did 系数明确"二孩生育政策能显著地提升目标家庭消费水平和消费结构"。第（2）、（5）（8）列中的 did 系数为正，且都通过 5% 显著水平下显著检验，表明"二孩生育政策"显著地增加了家庭"代际照顾扶持"。第（3）列和第（6）列中中介变量照顾支持系数为正，且都通过 1% 显著水平下显著检验，在第（9）列中系数为正，并在 5% 显著水平下显著，表明目标家庭获得"代际照顾扶持"有利于家庭消费水平的提高和消费结构的升级。原因在于目标家庭获得"代际照顾扶持"后，孩子父母亲可以有更多的工作机会和闲暇时间，从而可能使家庭收入和与家人一起休闲文化娱乐等时间增多，也能给孩子提供其他培训教育，从而使家庭消费水平提高，家庭消费结构升级。结合第（1）～（9）列，发现存在代际照顾扶持的中介效应，即"代际照顾扶持"对家庭消费水平和消费结构影响的"保障效应"机制得到验证，从而假说 H2b 得到了很好的验证。

对比一孩性别指标，并没有证明一孩性别对家庭代际照顾支持有显著影响，表明无论二孩是男孩还是女孩，家庭代际照顾支持都可能增加，这也符合中国家庭现状。

综上，本节很好地验证了假说 H2，家庭"代际扶持"是"二孩生育政策"影响家庭消费水平和消费结构升级的潜在路径。

# 第五节　异质性的结果与分析

## 一、不同类型家庭的异质性效应分析

进一步地，针对财富差距不同的家庭，采用三重差分模型进行异质性分析。模型如下：

$y_{i,t} = \alpha + \beta_1 \cdot streat_i \times post_t \times fami\_character_j + \beta_2 \cdot streat_i \times post_t + fami\_character_j + \gamma \cdot X_{i,t} + u_i + v_t + \varepsilon_{i,t}$　　　　（3）

其中，$streat_i \times post_t \times fami\_character_j$ 就是我们关注的 $DDD_{i,t,j}$，$streat_i \times post_t$ 就是前面的核心解释变量 $DID_{i,t}$，因此模型（3）可以进一步改写成模型（4）。

$y_{i,t} = \alpha + \beta_1 \cdot DDD_{i,i,j} + \beta_2 \cdot DID_{i,t} + fami\_cf_i + \gamma \cdot X_{i,t} + u_i + v_t + \varepsilon_{i,t}$　　（4）

在结果中用 fami_cf 表示家庭财富水平的高低，用家庭总房产价值来衡量家庭财富水平的高低。删除缺失值后，财富水平高低的判断标准采用家庭总房产价值是否高于中位数，结果中关注变量 DDD_cf 反映出不同财富水平的家庭是否存在政策异质性。

表5-11　家庭财富差距异质性分析（DDD）

| Variables | (1) | (2) | (3) |
|---|---|---|---|
| | lnpce | lnxf_scx | lnxf_fzxl |
| DDD_cf | 0.069 | −0.011 | 0.195★ |
| | (1.09) | (−0.15) | (1.67) |
| fami_cf | 0.153★★★ | 0.149★★★ | 0.131★★★ |
| | (6.73) | (4.88) | (3.91) |

续 表

| Variables | (1) | (2) | (3) |
| --- | --- | --- | --- |
| | lnpce | lnxf_scx | lnxf_fzxl |
| c1_sex | −0.125★★ | −0.113 | −0.093 |
| | (−2.25) | (−1.56) | (−1.13) |
| mmage222 | −0.012★★★ | −0.013★★ | −0.019★★★ |
| | (−3.25) | (−2.52) | (−3.81) |
| edu_max | 0.024★ | 0.049★★ | 0.015 |
| | (1.90) | (2.22) | (0.81) |
| lnfincome1 | 0.011★★★ | 0.004 | 0.012★ |
| | (2.69) | (0.82) | (1.82) |
| fr1 | −0.027★★★ | −0.035★★★ | −0.015★ |
| | (−4.60) | (−5.02) | (−1.80) |
| tzn | −0.026 | −0.020 | −0.019 |
| | (−0.97) | (−0.68) | (−0.51) |
| provcd | −0.011★ | −0.009★★ | −0.003 |
| | (−1.69) | (−2.12) | (−0.37) |
| Constant | 11.539★★★ | 10.867★★★ | 10.419★★★ |
| | (44.32) | (48.71) | (28.83) |
| Observations | 11,072 | 11,072 | 11,072 |
| R−squared | 0.145 | 0.094 | 0.062 |

Robustt−statistics in parentheses

★★★p<0.01，★★p<0.05，★p<0.1

表5-11为"二孩生育政策"对家庭消费水平和消费结构的家庭财富水平异质性分析,我们重点关注交互项DDD_cf,第(1)列为不同家庭财富水平对家庭消费水平影响的异质性,第(2)列和第(3)列为不同家庭财富水平对家庭消费结构影响的异质性(生存型消费和发展享乐型消费)。根据前两列数据我们发现,DDD回归系数并不显著,表示家庭财富水平的高低并不影响"二孩生育政策"对家庭消费水平和家庭生存型消费的作用。根据第(3)列结果我们发现,DDD回归系数在10%的显著水平下显著为正,且家庭财富每增加1%,家庭发展与享乐型消费增加19.5%。说明财富水平越高的家庭,"二孩生育政策"对发展享乐型消费的促进作用越显著。由此,假说H3a没有通过检验,假说H3b得到验证。

为了进一步证明DDD分析效果的稳健性,还是用房产价值来衡量家庭财富水平,财富水平高低用是否高于中位数来衡量。表5-12报告了家庭财富差距分组回归结果,第(1)列到第(3)列为家庭财富水平较高的家庭,第(4)列到第(6)列为家庭财富水平较低的家庭,从结果容易看出,家庭财富水平越高,生育政策对家庭消费水平正向影响越显著,但只在10%的显著水平下显著。家庭财富水平较高的家庭,"二孩生育政策"对家庭消费水平在5%的显著水平下有正向作用,而具体看家庭消费结构的话,家庭财富水平越高的家庭,生育政策对发展享乐型消费的促进作用越显著,家庭财富水平每增加1%,家庭发展与享乐型消费会增加20.9%,结果和上述DDD回归结果基本一致,支持假说H3b。

综上,假设2基本通过验证,可见消费结构升级和家庭财富增长有很大关系。

表5-12 以家庭资产分组检验政策效果

| 分组 Variables | 财富水平高 | | | 财富水平低 | | |
| --- | --- | --- | --- | --- | --- | --- |
| | (1) lnpce | (2) lnxf_scx | (3) lnxf_fzxl | (4) lnpce | (5) lnxf_scx | (6) lnxf_fzxl |
| did | 0.130★ | 0.104 | 0.209★★ | 0.095 | 0.138 | 0.112 |
| | (1.73) | (1.58) | (2.32) | (1.19) | (1.55) | (1.03) |
| c1_sex | −0.073 | −0.085 | 0.014 | −0.141 | −0.101 | −0.051 |
| | (−0.89) | (−1.23) | (0.13) | (−1.59) | (−1.10) | (−0.33) |
| mmage222 | −0.006 | 0.000 | −0.017★★ | −0.003 | −0.015★★ | 0.003 |
| | (−1.01) | (0.06) | (−2.05) | (−0.59) | (−2.40) | (0.36) |
| edu_max | 0.090★★★ | 0.090★★★ | 0.091★★★ | 0.006 | 0.043 | −0.006 |
| | (3.64) | (3.21) | (2.68) | (0.41) | (1.28) | (−0.26) |
| lnfincome1 | 0.012 | 0.008 | 0.012 | 0.011★ | 0.003 | 0.007 |
| | (1.49) | (1.07) | (0.93) | (1.92) | (0.41) | (0.61) |

续表

| 分组 | 财富水平高 | | | 财富水平低 | | |
|---|---|---|---|---|---|---|
| Variables | (1)<br>lnpce | (2)<br>lnxf_scx | (3)<br>lnxf_fzxl | (4)<br>lnpce | (5)<br>lnxf_scx | (6)<br>lnxf_fzxl |
| fr1 | −0.018** | −0.025*** | 0.000 | −0.032** | −0.042*** | −0.025 |
| | (−2.36) | (−2.95) | (0.01) | (−2.34) | (−2.85) | (−1.17) |
| tzn | −0.013 | 0.043 | −0.066 | −0.008 | −0.026 | 0.046 |
| | (−0.34) | (1.05) | (−1.18) | (−0.20) | (−0.57) | (0.76) |
| jzc_3df | 0.055* | 0.010 | 0.106** | 0.129*** | 0.075** | 0.199*** |
| | (1.72) | (0.31) | (2.13) | (4.86) | (2.32) | (4.12) |
| provcd | −0.023** | −0.014** | −0.022 | −0.013 | −0.010 | −0.017 |
| | (−2.25) | (−2.18) | (−1.53) | (−1.34) | (−0.68) | (−0.94) |
| Constant | 11.812*** | 10.861*** | 10.828*** | 11.181*** | 10.790*** | 10.082*** |
| | (26.61) | (31.57) | (16.50) | (29.16) | (18.39) | (14.71) |
| Observations | 5,470 | 5,470 | 5,470 | 5,335 | 5,335 | 5,335 |
| R-squared | 0.129 | 0.105 | 0.070 | 0.102 | 0.065 | 0.043 |

Robust $t$-statistics in parentheses

***p<0.01, **p<0.05, *p<0.1

前面已经证实"二孩生育政策"对家庭消费水平和消费结构升级的积极影响主要体现在财富水平较高的家庭，也就是"二孩生育政策"主要提升了较高财富水平家庭的发展享乐型消费。为了进一步分析"二孩生育政策"对不同财富水平目标家庭的发展享乐型消费具体类别影响，我们以家庭财富为分组，对主要的发展享乐型消费支出：家庭教育消费、家庭文化娱乐消费、家庭保健消费进行了进一步异质性分析。

表 5-13 基于家庭财富分组的消费结构异质性进一步分析

| 测量项目 Variables | 财富水平高 | | | 财富水平低 | | |
|---|---|---|---|---|---|---|
| | (1) lnfp510 | (2) lnfp502 | (3) lnfp512 | (4) lnfp510 | (5) lnfp502 | (6) lnfp512 |
| did | 2.132*** | −0.011 | 0.247 | 1.345*** | 0.788** | 0.541** |
| | (5.58) | (−0.04) | (0.70) | (3.43) | (2.29) | (2.11) |
| c1_sex | 0.966** | 0.021 | 0.423 | 0.580 | −0.294 | 0.112 |
| | (2.22) | (0.06) | (1.08) | (1.13) | (−0.93) | (0.46) |
| mmage222 | −0.118*** | −0.091*** | −0.046* | −0.156*** | −0.031 | −0.003 |
| | (−2.96) | (−3.90) | (−1.76) | (−4.30) | (−1.21) | (−0.19) |
| edu_max | −0.178 | −0.011 | 0.145 | 0.065 | 0.064* | −0.012 |
| | (−1.16) | (−0.14) | (1.39) | (0.79) | (1.73) | (−0.27) |
| lnfincome1 | 0.061* | 0.047 | 0.018 | 0.015 | 0.031 | 0.027* |
| | (1.80) | (1.61) | (0.62) | (0.53) | (1.61) | (1.88) |
| fr1 | 0.036 | −0.019 | −0.036 | −0.033 | −0.037 | −0.042 |
| | (0.79) | (−0.59) | (−0.90) | (−0.51) | (−0.67) | (−0.87) |

续　表

| 测量项目<br>Variables | | 财富水平高 | | | 财富水平低 | | |
|---|---|---|---|---|---|---|---|
| | | (1)<br>lnfp510 | (2)<br>lnfp502 | (3)<br>lnfp512 | (4)<br>lnfp510 | (5)<br>lnfp502 | (6)<br>lnfp512 |
| tzn | | −0.418★ | 0.001 | −0.210 | 0.247 | 0.256 | −0.086 |
| | | (−1.80) | (0.01) | (−1.11) | (1.04) | (1.27) | (−0.46) |
| jzc_3df | | 0.171 | 0.223★ | 0.084 | 0.239★ | 0.124 | −0.004 |
| | | (1.17) | (1.75) | (0.62) | (1.71) | (1.26) | (−0.05) |
| provcd | | −0.050 | −0.006 | 0.033 | 0.003 | −0.098★ | −0.015 |
| | | (−1.40) | (−0.11) | (0.49) | (0.11) | (−1.83) | (−1.17) |
| Constant | | 9.184★★★ | 5.275★★ | 1.064 | 7.768★★★ | 6.057★★★ | 1.096★ |
| | | (4.94) | (2.24) | (0.38) | (6.89) | (2.93) | (1.73) |
| Observations | | 5,470 | 5,470 | 5,470 | 5,335 | 5,335 | 5,335 |
| R−squared | | 0.036 | 0.227 | 0.036 | 0.027 | 0.110 | 0.011 |

Robust−statistics in parentheses

★★★p<0.01,★★p<0.05,★p<0.1

表5-13分别报告了"二孩生育政策"对财富水平高低不同的目标家庭，教育消费支出、文化娱乐消费支出和保健消费支出的统计结果。首先，生育政策对教育消费的积极拉动作用无论家庭财富高低都是在1%显著水平下显著的，而且系数均大于1，尤其在财富水平高的家庭中系数达到了2.132，这说明无论财富水平高低，家庭都非常重视子女教育，而且财富水平越高的家庭越愿意为更高水平和价格的教育投资买单。即使财富水平较低的家庭也尽可能付出了比一孩更多的教育支出，来应对激烈的教育竞争。而从家庭文化娱乐消费支出和家庭保健支出来看，生育政策并没有促使财富较高家庭更高，而对财富较低家庭起到了在5%显著水平下显著的正向拉动作用。这可能是因为财富较高水平家庭之前的这两项发展享乐型消费就较高，生育二孩后也没有太大变化，但是对于财富水平较低家庭而言，生育二孩后除了重视教育外，也重视家庭文化娱乐活动和保健，"二孩生育政策"对低财富水平家庭消费升级起到了积极的作用。但是我们也应该认识到，虽然财富水平较低的家庭发展与享乐型消费项目增加较多，但是通过和前面分析结合，可以知道教育、文化娱乐以及保健消费挤出了其他家庭消费，尤其是教育消费具有很强的挤出效应，财富水平较高家庭的教育消费也对其他消费有挤出效应。这验证了假说H3b的说法。

## 二、家庭成员工作性质的异质性分析

表 5-14 家庭成员工作性质异质性分析（DDD）

| Variables | (1) lnpce | (2) lnxf_scx | (3) lnxf_fzxl |
|---|---|---|---|
| DDD_tzn | 0.026 | −0.108 | 0.190 |
| | (0.28) | (−1.07) | (1.60) |
| fami_tzn | −0.015 | 0.003 | −0.021 |
| | (−0.49) | (0.10) | (−0.48) |
| c1_sex | −0.121★ | −0.045 | −0.126 |
| | (−1.95) | (−0.67) | (−1.52) |
| mmage222 | −0.009★★ | −0.010★★★ | −0.015★★★ |
| | (−2.39) | (−2.58) | (−2.83) |
| edu_max | 0.021 | 0.033★★ | 0.003 |
| | (1.52) | (2.35) | (0.14) |
| lnfincome1 | 0.012★★★ | 0.006 | 0.012 |
| | (2.63) | (1.12) | (1.47) |
| fr1 | −0.023★★★ | −0.033★★★ | −0.008 |
| | (−3.65) | (−4.28) | (−0.85) |
| jzc_3df | 0.130★★★ | 0.097★★★ | 0.182★★★ |
| | (7.03) | (4.90) | (6.50) |
| provcd | −0.012★ | −0.010★ | −0.007 |
| | (−1.69) | (−1.78) | (−0.59) |

续　表

| Variables | (1) | (2) | (3) |
|---|---|---|---|
| | lnpce | lnxf_scx | lnxf_fzxl |
| Constant | 11.256*** | 10.606*** | 10.190*** |
| | (37.94) | (41.86) | (21.98) |
| Observations | 9,364 | 9,364 | 9,364 |
| R-squared | 0.160 | 0.111 | 0.074 |

Robustt-statistics in parentheses

***p<0.01，**p<0.05，*p<0.1

表 5-14 报告了家庭成员工作性质异质性分析，虽然第（1）列和第（3）列 DDD 回归系数为正，表示家庭中有体制内成员，生育政策对消费水平和发展享乐型消费有促进作用，第（2）列系数为负，表示生育政策对消费水平和发展享乐型消费有抑制作用，这符合前面的假设，但是结果并不显著，所以最终假说 H4 不能通过验证。

# 第六章  结论与对策建议

## 第一节  研究结论

本研究旨在评估"二孩政策"对城镇家庭消费水平和消费结构的影响效果及作用机制。本研究基于经典消费理论、现代消费理论、代际扶持理论、生育政策与消费关系理论等，分析了中国居民消费率较世界水平长期低迷、社会人口老龄化加剧、出生率降低等背景下，同期居民消费尤其是城镇居民消费率和消费结构变化现状。本研究利用 2012—2018 年四期 CFPS 的样本数据建构面板数据，并以从 2011 年"双独"放开、2014 年"单独"放开，到 2016 年"全面"放开的"二孩政策"为准自然实验，采用渐进式双重差分法（多时点 DID）构建实验组与对照组，以此衡量生育政策冲击效果，并通过倾向得分匹配法、平行趋势检验、替换变量、缩小样本量等方法进行了稳健性检验。本研究还运用三重差分法和分组检验对政策作用机制进行了中介效应检验和异质性分析，从而回答研究开始提出的问题。

## 一、"二孩生育政策"显著促进家庭消费结构升级

本研究发现，"二孩政策"对城镇家庭消费总量、生产型消费支出和发展享乐型消费支出均有显著正向影响，即生育政策促进了家庭消费水平的增长和家庭消费结构的升级。这个结果与孩子数量替代质量理论（Becker 和 Lewis，1973）相反，而支持了子女数量对储蓄的替代效应理论（Samuelson，1958）。在中国，家长抚养孩子的动机与自利性的假设存在很大差异。受传统文化的影响，家长更多地将孩子的教育投入视为利他性和"消费"属性，他们对孩子的付出不计成本。因此，家长对孩子投资的利他性假设与现实较为符合（任慧玲，2019）。总之，子女数量的增加降低了父母的养老储蓄，使家庭更倾向于现期消费（汪伟等，2020）。从结构变化的角度来看，这一结果支持了中国家庭一直以来重视教育的传统（黄志国等，2022）。在生育二孩后，家庭增加了对人力资本的投资，从而提升了家庭在文化教育方面的支出。子女数量的增加显著提高了家庭人均消费水平，并增加了发展享乐型消费的支出比例，这表明子女数量的增加降低了家庭的预防性储蓄，改善了家庭的消费水平和消费结构（王军和詹韵秋，2021）。这一结果证实了"二孩生育政策"的实施显著促进了城镇家庭消费结构的升级。

## 二、家庭"代际扶持"是影响城镇居民消费的主要因素

中介效应模型检验表明,"收入效应"和"保障效应"是"二孩生育政策"影响城镇家庭消费的重要传导机制。根据中国家庭调查数据,多数家庭在权衡时倾向于奉行"恩往下流",将孩子的需要放在首位,这就形成代际分配倾向(狄金华等,2016)。这一结果支持了(王军和詹韵秋,2021)基于代际扶持视角的研究,认为少儿抚养比能明显促进居民消费。同时证实了家庭成员之间代际支持行为具有无私动机(CaiFangetal,2006)。一方面,家庭生育二孩,预期消费增加使收入约束增大,根据中国家庭传统消费理念,代际经济扶持增加,从而使家庭间的转移支付增多,产生了"收入效应"。目标家庭的可支配收入增加,缓解了流动性约束,符合绝对收入假说中收入增加促使消费增加的原理。。另一方面,育儿理念的变化导致孩子照顾和陪伴的需求增加,养育标准提升。生育孩子不仅增加了经济成本,也增加了时间成本。在中国城镇,代际照顾扶持起到了很好的中介作用。随着二孩出生,老人帮助照顾孩子的程度增加,从而缓解了父母的育儿压力。在如今竞争激烈的职场中,照顾子女很容易导致失去工作机会。代际照顾扶持促使父母工作时长和工作收入得到保障,对家庭消费水平和消费结构起到了积极的促进作用。因此,获得代际扶持能够促进城镇家庭提高二孩生育率并改善家庭的消费结构。

## 三、"二孩生育政策"对不同财富水平家庭消费的异质性影响

本研究发现，"二孩生育政策"对不同财富水平的城镇家庭产生了明显的异质性效应。具体而言，教育消费支出在不同财富水平的家庭中都存在挤出效应，且财富水平越低，挤出效应越明显。

房价上涨导致家庭财富差距增大，进而对消费产生复杂的异质性影响。本研究采用三重差分（DDD）模型进行了异质性检验，并发现"二孩生育政策"只显著提升了较高财富水平家庭的发展享乐型消费。这表明房屋增值对家庭财富的积累起到了积极的作用（张大永等，2012）。家庭财产对消费的影响也呈现出显著的正向关系，对耐用消费品的正向作用明显（刘宏等，2021）。房价上涨通过家庭资产增值的"财富效应"可能促进了居民的消费行为（毛中根等，2017）。而房产价值的增加又能有效提升家庭的整体消费水平（毕明建等，2021）。

然而，针对发展享乐型消费项目的分组回归分析结果显示，无论家庭财富水平如何，"二孩生育政策"都显著提升了家庭的教育消费支出。这表明教育竞争的加剧使得子女数量无法替代教育质量的理论在中国的现实情况下不适用。财富水平较高的家庭愿意投入更多金钱为子女选择更高水平的教育，而财富水平较低的家庭也愿意承担更高比例的教育费用，以尽可能为子女提供更好的教育，以期教育成为预防阶层固化的有效途径。然而，财富差距的异质性检验

结果显示，财富水平较低家庭的发展享乐型消费增长并不显著。这一矛盾可能是由于财富水平较低家庭的教育消费支出挤占了其他家庭发展与享乐型消费的原因，而对于发展享乐型消费的其他分项，财富水平较高家庭的增长也不显著。这证实了家庭教育消费对其他消费需求的挤出效应存在于不同财富水平的家庭中，并且在财富较低家庭中挤出效应更为明显。这一结果与任慧玲（2019）的研究结论不一致，他们认为家庭在"二孩"上的主要支出是基本生活消费而非教育类支出。然而，这一结果支持了龙斧（2019）关于家庭子女教育投资对父母消费的挤压的研究，与其关于家庭教育费用与其他家庭消费需求负相关的结论一致，尤其对于城镇居民而言。

此外，从"二孩生育政策"对其他发展享乐型消费项目的影响结果来看，生育政策对财富水平较低家庭的文化娱乐消费和保健消费都有显著正向影响，但对财富水平较高的家庭影响不显著。这反映了财富水平较低家庭对家庭文化娱乐和保健消费的需求，但受到财富约束和教育消费挤出效应的制约，尚不能完全满足家庭发展与享乐型消费的全部需求。相比之下，财富水平较高的家庭在生育二孩之前，已经满足了文化娱乐消费和保健消费的需求，并且不受财富约束的影响，因此在二孩生育后，家庭的文化娱乐消费和保健消费并没有显著变化。对于财富水平较低的家庭而言，尽管他们有发展享乐型消费的愿望，但流动性约束限制了家庭消费结构升级的程度。

## 四、生育政策调整有利于提高消费率，促进经济增长

自凯恩斯的有效需求不足理论提出以来，人们开始关注消费对经济增长的促进作用。作为社会基本的消费单位，家庭通过生育政策调整来促进家庭消费水平和消费结构的升级，从而对我国的人口增长和经济发展产生积极影响。因为人类不仅是消费者，同时也是技术进步的推动者，人口的增长对于经济的长期增长至关重要（任慧玲，2019）。

实施"二孩生育政策"有效推动了人口出生率的上升，为中国带来了人口的增长。这对于推动科技的完善与创新、提高劳动力生产效率、增加社会总产出具有重要意义，进而最终推动居民生活水平和消费水平的不断提高，促进中国经济长期增长速度的加快。

通过调整生育政策，鼓励家庭生育二孩，可以带来以下几方面的消费促进作用。首先，人口的增加会带来对各类消费品和服务的需求增长，推动消费市场的扩大。其次，家庭生育二孩会带动教育消费的增加，包括学前教育、中小学教育以及高等教育等方面的支出，从而促进教育行业的发展。此外，二孩生育还会带来婴幼儿用品、医疗保健、家庭服务等领域的消费增长，促进相关产业的发展。最后，人口的增加也会刺激住房需求的增长，推动房地产市场的发展。

综上所述，通过生育政策的调整，促进人口增长对于提高消费率、推动经济增长具有积极的影响。这不仅能够推动经济结构的升

级和产业的发展，也能够提升居民的生活水平，实现经济可持续发展的目标。因此，我国 2011 年后实施的生育政策调整为人口增长和经济提升提供了有力支持。

# 第二节　对策建议

基于研究结果和分析，本书提出以下四点对策建议。

## 一、以政府为主导，完善生育政策改革，提高生育率

本研究认为，政府应该积极进行生育福利政策改革，重视"二孩家庭""三孩家庭"消费结构升级的示范效应。这是因为，在中国家庭中，生育意愿和行为受到多方面的影响和制约，需要政府和社会的支持和引导。具体措施包括以下几个方面。

（1）加强生育政策积极宣传，推出中国特色鼓励扶持家庭抚养"二孩""三孩"政策。这样可以增加家庭对生育政策的了解和认同，激发家庭对生育二孩、三孩的积极性和信心。

（2）由政府采取各种生育福利与保障措施，负担一定的生育责任与费用，缓解家庭的生育压力。这样可以减轻家庭的经济负担和风险，保障家庭的基本生活水平和质量。

（3）通过中国传统家庭代际文化和展示幸福和谐是"二孩家庭""三孩家庭"形象，积极引导家庭把生育意愿内化为生育行为。

这样可以利用家庭内部的资源配置和互助机制，增强家庭的凝聚力和幸福感。

## 二、增加托幼对象投入，逐步把学前教育纳入义务教育的范围

本研究认为，政府应该增加对婴幼儿照顾的社会支持，缓解家庭的育儿压力。这是因为，在中国家庭中，对 0～3 岁婴幼儿的照料大部分来源于家人照顾，主要以隔代照顾护理为主。但是，并不是所有家庭都能提供隔代照顾扶持，这取决于父母身体健康状况、是否生活在同一区域等条件。尤其目前"二孩生育政策"受众群体有很大一部分父母已不年轻，隔代照顾受限抑制了生育二孩、三孩的可能。为缓解这一矛盾，本研究建议：政府应该增加对婴幼儿照顾的社会支持，缓解家庭的育儿压力。具体措施包括以下几个方面。

（1）由政府主导，社区相辅，企业参与联合设立婴幼儿托幼机构。这样可以为家庭提供专业、安全、便利的托幼服务，减轻家庭对婴幼儿照料的负担和成本。

（2）加大对学前教育的投入力度，积极建设新公办或普惠性质的幼儿园。这样可以增加学前教育资源的供给和可获得性，满足家庭对学前教育的需求和期待。

（3）在增加学前教育资源可获得性的前提下，继续降低学前教育费用。这样可以减轻家庭的经济负担和压力，鼓励家庭生育二孩、三孩。

（4）最终使学前教育真正融入义务教育体系中。这样可以保障每个孩子享有平等和优质的学前教育机会，提高人力资本水平和质量。

## 三、不断规范和完善教育行业和二孩经济行业，促进消费结构升级

本研究认为，政府应该规范和完善教育及相关产业，促进家庭健康生育和健康消费。这是因为，在中国家庭中，对子女的教育投入越来越高，从早教到义务教育阶段的各种教育培训和兴趣培养，都给家庭带来了巨大的经济和时间成本。这种"精英式"培养反映了家庭消费结构的提高，但是教育竞争过于激烈，也给家庭带来了沉重的压力，特别是资产水平较低的家庭，即便有"代际经济扶持"，压力仍然很大，导致两代人的其他消费被挤出，看起来是消费升级，实际是家庭内部消费地位的严重失衡，并不有利于家庭幸福感的提高。另一方面，"二孩经济"催生了很多新的业态，但是由于这些行业刚刚起步，很多行业标准并不健全，导致家庭消费的低效和对其他享乐型消费的挤出，不利于家庭消费优化，反而增加了压力感。因此，政府应该规范和完善教育及相关产业的规范和监管，促进家庭健康生育和健康消费。具体措施包括以下几个方面。

（1）抑制教育竞争过于激烈的现象，保障教育公平和质量。政府应加强教育行业的监管，制定和完善教育培训机构的标准和规范，防止虚假宣传和不合理收费，提升家庭教育消费的质量和效益。

（2）规范和发展二孩经济相关的业态，提高服务质量和效率。政府应加强对二孩经济行业的监管，促进行业的健康发展，制定相关行业标准，提高服务质量和消费者保护意识，防止消费浪费和挤出其他消费。

（3）鼓励家庭平衡子女教育投资和其他消费需求，提高家庭幸福感。政府应通过税收、补贴等方式支持家庭合理分配子女教育投资和其他消费需求，减轻家庭的经济负担和压力，鼓励家庭生育二孩、三孩。

（4）最终使教育真正融入经济社会发展中。政府应通过教育改革和创新，提高教育的适应性和灵活性，培养符合社会需求和个人发展的人才，提高人力资本水平和质量。

## 四、深入推进供给侧结构性改革、切实释放改善型住房需求

本研究认为，政府应该深入推进供给侧结构性改革，切实释放改善型住房需求。这是因为，在中国家庭中，高房价增加了家庭的债务负担，也影响了家庭的消费结构和生育意愿。高房价导致家庭财富水平差距过大，使得一些拥有多套住房的家庭更加愿意生育二孩、三孩，更加愿意为子女支付高端的教育和成长费用，而一些没有住房或只有一套住房的家庭则会感到压力和恐惧，更加倾向于节约消费和教育投入。这种消费结构的不平衡不利于家庭幸福感的提高，也不利于人力资本的提升和经济增长的动力。很多家庭还会因

为高房价，无法给予子女改善性住房预期，而放弃生育二孩、三孩。因此，政府应该抑制高房价，以期释放居民对改善型住房的需求，完善城镇"二孩"居民的住房环境。政府要积极探索遏制高房价的有效途径。具体措施包括：

（1）在消费需求端运用金融和税收手段进行调节。政府应根据市场情况调整个人购房贷款政策和首付比例，防止过度杠杆和投机炒作；同时加快房产税开征计划的提出与落实，对持有多套住房的家庭进行合理征税，抑制投资性需求。

（2）大力推进"租购并举"。政府应加强对租赁市场的规范和监管，保障租赁合同的执行和租客权益的维护；同时增加公共租赁住房的供给，优先满足新就业者、新市民等群体的租赁需求；还应鼓励社会资本参与租赁市场建设和运营，提高租赁市场的活力和效率。

（3）从供给侧的源头入手，通过转变房地产运营模式来构建确保房价平稳的长效机制。政府应引导房地产企业转变发展思路，从单纯追求规模扩张和利润最大化向提供多元化、差异化、个性化的产品和服务转变；同时建立健全房地产市场信息公开和监测系统，及时发布市场动态和预警信息，引导市场预期。

（4）积极进行土地财政改革来降低住房用地成本。政府应改革土地出让制度，增加土地供应量和透明度，降低土地出让价格；同时改革土地使用权制度，延长土地使用年限或实行永久性使用权，降低土地使用成本；还应改革土地税收制度，对土地使用权进行合理征税，防止土地闲置和浪费。

# 第三节 研究局限性与研究展望

## 一、研究局限性

本书虽然尝试从微观层面出发，以二孩生育政策为准自然实验，利用中国家庭追踪调查数据 CFPS2012—2018 四轮调查数据，采用双重差分法、倾向得分匹配法和三重差分法等方法，分析政策对城镇家庭消费水平和消费结构升级的影响效果、作用机制和异质性差异，并提出相应的政策建议。但是，本书仍然存在以下几方面的不足：

（1）数据方面，尽管使用了 CFPS2012—2018 四期的样本构建了面板数据，但由于生育政策是不断推进的，距离 2016 年"全面二孩政策"放开时间虽然已经至今 6 年多，但由于 CFPS 家庭追踪调查工作和后期数据处理整合工作复杂繁琐，离发布 CFPS2020 还需要很多时间，所以对于全面评估"二孩生育政策"的样本还不够完善。此外，由于二孩的年龄普遍较小，一些政策影响可能还没有充分体现，需要进一步进行追踪研究。

（2）方法方面，本书采用了双重差分法、倾向得分匹配法和三重差分法等方法来控制个体和时间的异质性，但是这些方法可能仍然存在内生性问题，例如遗漏变量、逆向因果、测量误差等。这些问题可能导致估计结果的误差。因此，后续研究可以寻找更合适的工具变量或自然实验来解决内生性问题，提高估计结果的可信度和有效性。

（3）理论方面，本书主要基于新古典经济学和新消费经济学的理论框架来分析家庭生育决策和消费结构的影响因素和机制，但可能忽略了一些重要的社会文化因素，例如家庭价值观、社会风气、文化传统等。这些因素对家庭生育决策和消费结构可能有深刻影响，但难以用经济学模型来刻画和量化。因此，未来的研究可以借鉴其他学科的理论和方法，如社会学、心理学和人口学，来更全面地理解家庭生育决策和消费结构的复杂性和多维性。

## 二、研究展望

本书以中国为研究对象，分析了二孩生育政策对城镇家庭消费水平和消费结构升级的影响效果、作用机制和异质性差异，并提出了相应的政策建议。

### （一）调控房价增速

本研究的结论显示，在中国家庭中，二孩生育政策能显著促进家庭消费水平和消费结构的提升。然而，"二孩生育政策"只提升了较高财富水平家庭的发展享乐型消费。由于房价上涨可能通过家庭资产增值的"财富效应"促进了这部分家庭的消费水平，但随着房价进一步上涨，家庭财富差距会进一步拉大，导致财富水平较低的家庭放弃买房、放弃生育、放弃结婚，甚至像韩国年轻人一样放弃恋爱。因此，韩国应考虑采取措施干预房地产市场涨速过快的问题，防止家庭财富差距进一步扩大。

近年来，中国政府一直在加大房地产的调控力度，坚持"房子是用来住的、不是用来炒的"定位，推行租购并举、因城施策的政策。目前已取得了一定效果，数据显示，2021 年 10 月份，70 个大中城市中，有超过 70% 的城市新房价格环比下跌，70 个城市的新房平均环比创下近六年多来的最大跌幅；超过 90% 的城市二手房价格环比下跌。此外，各级政府也在保障性住房、廉租房以及为年轻人提供住房补贴和租房补贴方面提供支持。2021 年，中国政府还推出了"取消学区房"的政策。虽然目前仍处于以个别地区试点的过渡阶段，但该政策已经开始影响人们对"天价"学区房的价格预期，学区房价格增速放缓，为计划生育孩子的家庭或已经生育孩子的家庭减轻了教育负担。

### （二）教育改革

无论家庭财富水平如何，本研究显示，"二孩生育政策"都显著提升了家庭的教育消费支出。较高财富水平的家庭愿意支付更多金钱为孩子选择更高水平的教育，而较低财富水平的家庭为了防止阶层固化，也愿意支付较高比例的教育费用。然而，教育支出虽然属于发展享乐型支出，但对于财富水平较低的家庭而言，教育支出挤占了其他发展享乐型消费（如文化娱乐消费和保健消费）。这就是为什么许多家庭感受不到发展享乐的感觉，但却备感教育压力的原因。

中国政府一直在深化教育制度改革，致力于"让 13 亿人民享有更好、更公平的教育"[①]。2021 年 7 月，国务院和中共中央办公厅印发了《关于进一步减轻义务教育阶段学生作业负担和校外培训负担

---

① 来源于教育部网站转载《教育改革：让人民享有更好更公平的教育》。

的意见》。该文件着重提出"双减"措施，即减少校内作业量，减轻学生负担；二是减少校外培训负担，从严治理校外培训机构。尤其是对于减少校外培训负担，措辞之严厉，措施之有力，可谓前所未有[①]。在此背景下，许多学科类校外培训机构纷纷调整运营模式，甚至有多家培训巨头停止营业和退出市场。2021年还出台了学区房新政策，全国多地实行多校划片，使学区房的意义下降；全国取消学区房也能让更多底层子弟公平竞争教育资源。

### （三）代际保障

本研究的中介效应模型检验表明，家庭"代际经济扶持"和"代际非经济扶持"所产生的"收入效应"和"保障效应"是"二孩生育政策"影响城镇家庭消费的重要传导机制。面对目前购房、供房压力，教育竞争压力和年轻人职场压力，代际间的经济扶持与非经济的照顾扶持将显著提高家庭生育率和消费水平。而且，代际扶持显然增加了代际之间的互动，对于受儒家文化影响的中国人来说，老人既可以在照顾儿孙的同时实现老有所用，又可以享受儿孙满堂的喜悦，年轻父母既可以减轻育儿的精力和时间负担，又可以同时照顾老人精神和情绪。

因此，养老保障政策和传统文化宣传将有助于传统家庭的世代相传。现代社会的家庭规模虽然有缩小的趋势，但鼓励代际之间的互动和互助不仅对于提高生育率有帮助，也会增加家庭和社会的和谐氛围。

---

① 来源于教育部网站转载《"双减"：中国教育政革新起点》。

# 附录1

附录 1　世界各国总和生育率排名

| 排名位次 | 国名 | 出生率 | 排名位次 | 国名 | 出生率 |
|---|---|---|---|---|---|
| 1 位 | 尼日尔 | 6.7 | 103 位 | 伯利兹 | 2.0 |
| 2 位 | 乍得 | 6.1 | 104 位 | 厄瓜多尔 | 2.0 |
| 3 位 | 刚果民主共和国 | 6.1 | 105 位 | 格林纳达 | 2.0 |
| 4 位 | 索马里 | 6.1 | 106 位 | 瓜德罗普岛 | 2.0 |
| 5 位 | 中非共和国 | 5.8 | 107 位 | 印度 | 2.0 |
| 6 位 | 马里 | 5.8 | 108 位 | 尼泊尔 | 2.0 |
| 7 位 | 安哥拉 | 5.1 | 109 位 | 新喀里多尼亚 | 2.0 |
| 8 位 | 尼日利亚 | 5.1 | 110 位 | 斯里兰卡 | 2.0 |
| 9 位 | 布隆迪 | 4.9 | 111 位 | 突尼斯 | 2.0 |
| 10 位 | 贝宁 | 4.8 | 112 位 | 阿根廷 | 1.9 |
| 11 位 | 布基纳法索 | 4.6 | 113 位 | 孟加拉国 | 1.9 |
| 12 位 | 坦桑尼亚联合共和国 | 4.6 | 114 位 | 佛得角 | 1.9 |
| 13 位 | 冈比亚 | 4.5 | 115 位 | 马提尼克岛 | 1.9 |

| 排名位次 | 国名 | 出生率 | 排名位次 | 国名 | 出生率 |
|---|---|---|---|---|---|
| 14 位 | 莫桑比克 | 4.5 | 116 位 | 土耳其 | 1.9 |
| 15 位 | 阿富汗 | 4.4 | 117 位 | 越南 | 1.9 |
| 16 位 | 乌干达 | 4.4 | 118 位 | 巴林 | 1.8 |
| 17 位 | 喀麦隆 | 4.3 | 119 位 | 朝鲜民主主义人民共和国 | 1.8 |
| 18 位 | 科特迪瓦 | 4.3 | 120 位 | 萨尔瓦多 | 1.8 |
| 19 位 | 毛里塔尼亚 | 4.3 | 121 位 | 法国 | 1.8 |
| 20 位 | 塞内加尔 | 4.3 | 122 位 | 爱尔兰 | 1.8 |
| 21 位 | 南苏丹 | 4.3 | 123 位 | 马来西亚 | 1.8 |
| 22 位 | 苏丹 | 4.3 | 124 位 | 墨西哥 | 1.8 |
| 23 位 | 几内亚 | 4.2 | 125 位 | 新西兰 | 1.8 |
| 24 位 | 赞比亚 | 4.2 | 126 位 | 卡塔尔 | 1.8 |
| 25 位 | 赤道几内亚 | 4.1 | 127 位 | 摩尔多瓦共和国 | 1.8 |
| 26 位 | 多哥 | 4.1 | 128 位 | 圣文森特和格林纳丁斯 | 1.8 |
| 27 位 | 刚果 | 4.0 | 129 位 | 阿塞拜疆 | 1.7 |
| 28 位 | 埃塞俄比亚 | 4.0 | 130 位 | 文莱达鲁萨兰国 | 1.7 |
| 29 位 | 利比里亚 | 4.0 | 131 位 | 哥伦比亚 | 1.7 |
| 30 位 | 所罗门群岛 | 3.9 | 132 位 | 捷克共和国 | 1.7 |
| 31 位 | 科摩罗 | 3.8 | 133 位 | 丹麦 | 1.7 |
| 32 位 | 几内亚比绍 | 3.8 | 134 位 | 爱沙尼亚 | 1.7 |

续　表

| 排名位次 | 国名 | 出生率 | 排名位次 | 国名 | 出生率 |
|---|---|---|---|---|---|
| 33 位 | 马拉维 | 3.8 | 135 位 | 法属波利尼西亚 | 1.7 |
| 34 位 | 萨摩亚群岛 | 3.8 | 136 位 | 冰岛 | 1.7 |
| 35 位 | 塞拉利昂 | 3.8 | 137 位 | 伊朗伊斯兰共和国 | 1.7 |
| 36 位 | 厄立特里亚 | 3.7 | 138 位 | 马尔代夫 | 1.7 |
| 37 位 | 马达加斯加 | 3.7 | 139 位 | 黑山共和国 | 1.7 |
| 38 位 | 卢旺达 | 3.7 | 140 位 | 罗马尼亚 | 1.7 |
| 39 位 | 圣多美和普林西比 | 3.7 | 141 位 | 瑞典 | 1.7 |
| 40 位 | 瓦努阿图 | 3.7 | 142 位 | 美国 | 1.7 |
| 41 位 | 也门 | 3.6 | 143 位 | 安提瓜和巴布达 | 1.6 |
| 42 位 | 加纳 | 3.5 | 144 位 | 亚美尼亚 | 1.6 |
| 43 位 | 法属圭亚那 | 3.4 | 145 位 | 澳大利亚 | 1.6 |
| 44 位 | 加蓬 | 3.4 | 146 位 | 巴巴多斯 | 1.6 |
| 45 位 | 伊拉克 | 3.4 | 147 位 | 比利时 | 1.6 |
| 46 位 | 巴勒斯坦国 | 3.4 | 148 位 | 巴西 | 1.6 |
| 47 位 | 津巴布韦 | 3.4 | 149 位 | 保加利亚 | 1.6 |
| 48 位 | 巴基斯坦 | 3.3 | 150 位 | 库拉索 | 1.6 |
| 49 位 | 肯尼亚 | 3.2 | 151 位 | 多米尼克 | 1.6 |
| 50 位 | 基里巴斯 | 3.2 | 152 位 | 匈牙利 | 1.6 |
| 51 位 | 纳米比亚 | 3.2 | 153 位 | 拉脱维亚 | 1.6 |

| 排名位次 | 国名 | 出生率 | 排名位次 | 国名 | 出生率 |
|---|---|---|---|---|---|
| 52 位 | 汤加 | 3.2 | 154 位 | 立陶宛 | 1.6 |
| 53 位 | 巴布亚新几内亚 | 3.1 | 155 位 | 荷兰（王国） | 1.6 |
| 54 位 | 塔吉克斯坦 | 3.1 | 156 位 | 圣马丁（荷兰部分） | 1.6 |
| 55 位 | 图瓦卢 | 3.1 | 157 位 | 斯洛伐克 | 1.6 |
| 56 位 | 哈萨克斯坦 | 3.0 | 158 位 | 斯洛文尼亚 | 1.6 |
| 57 位 | 东帝汶 | 3.0 | 159 位 | 特立尼达和多巴哥 | 1.6 |
| 58 位 | 以色列 | 2.9 | 160 位 | 特克斯和凯科斯群岛 | 1.6 |
| 59 位 | 吉尔吉斯斯坦 | 2.9 | 161 位 | 英国 | 1.6 |
| 60 位 | 莱索托 | 2.9 | 162 位 | 奥地利 | 1.5 |
| 61 位 | 阿尔及利亚 | 2.8 | 163 位 | 白俄罗斯 | 1.5 |
| 62 位 | 埃及 | 2.8 | 164 位 | 加拿大 | 1.5 |
| 63 位 | 斯威士兰 | 2.8 | 165 位 | 智利 | 1.5 |
| 64 位 | 乌兹别克斯坦 | 2.8 | 166 位 | 哥斯达黎加 | 1.5 |
| 65 位 | 博茨瓦纳 | 2.7 | 167 位 | 古巴共和国 | 1.5 |
| 66 位 | 吉布提 | 2.7 | 168 位 | 德国 | 1.5 |
| 67 位 | 海地 | 2.7 | 169 位 | 挪威 | 1.5 |
| 68 位 | 约旦 | 2.7 | 170 位 | 波兰 | 1.5 |
| 69 位 | 蒙古国 | 2.7 | 171 位 | 俄罗斯联邦 | 1.5 |

续　表

| 排名位次 | 国名 | 出生率 | 排名位次 | 国名 | 出生率 |
|---|---|---|---|---|---|
| 70 位 | 菲律宾 | 2.7 | 172 位 | 圣基茨和尼维斯 | 1.5 |
| 71 位 | 阿拉伯叙利亚共和国 | 2.7 | 173 位 | 塞尔维亚 | 1.5 |
| 72 位 | 密克罗尼西亚联邦 | 2.6 | 174 位 | 瑞士 | 1.5 |
| 73 位 | 土库曼斯坦 | 2.6 | 175 位 | 乌拉圭 | 1.5 |
| 74 位 | 多民族玻利维亚国 | 2.5 | 176 位 | 阿尔巴尼亚 | 1.4 |
| 75 位 | 关岛 | 2.5 | 177 位 | 巴哈马 | 1.4 |
| 76 位 | 阿曼 | 2.5 | 178 位 | 不丹 | 1.4 |
| 77 位 | 斐济 | 2.4 | 179 位 | 克罗地亚 | 1.4 |
| 78 位 | 老挝人民民主共和国 | 2.4 | 180 位 | 芬兰 | 1.4 |
| 79 位 | 利比亚 | 2.4 | 181 位 | 希腊 | 1.4 |
| 80 位 | 巴拉圭 | 2.4 | 182 位 | 卢森堡 | 1.4 |
| 81 位 | 沙特阿拉伯 | 2.4 | 183 位 | 毛里求斯 | 1.4 |
| 82 位 | 柬埔寨 | 2.3 | 184 位 | 北马其顿 | 1.4 |
| 83 位 | 危地马拉 | 2.3 | 185 位 | 葡萄牙 | 1.4 |
| 84 位 | 圭亚那 | 2.3 | 186 位 | 圣卢西亚 | 1.4 |
| 85 位 | 洪都拉斯 | 2.3 | 187 位 | 阿拉伯联合酋长国 | 1.4 |

续　表

| 排名位次 | 国名 | 出生率 | 排名位次 | 国名 | 出生率 |
|---|---|---|---|---|---|
| 86 位 | 摩洛哥 | 2.3 | 188 位 | 波斯尼亚和黑塞哥维那 | 1.3 |
| 87 位 | 尼加拉瓜 | 2.3 | 189 位 | 塞浦路斯 | 1.3 |
| 88 位 | 巴拿马 | 2.3 | 190 位 | 意大利 | 1.3 |
| 89 位 | 塞舌尔 | 2.3 | 191 位 | 牙买加 | 1.3 |
| 90 位 | 南非 | 2.3 | 192 位 | 日本 | 1.3 |
| 91 位 | 苏里南 | 2.3 | 193 位 | 波多黎各 | 1.3 |
| 92 位 | 多米尼加共和国 | 2.2 | 194 位 | 西班牙 | 1.3 |
| 93 位 | 留尼汪 | 2.2 | 195 位 | 泰国 | 1.3 |
| 94 位 | 委内瑞拉 | 2.2 | 196 位 | 乌克兰 | 1.3 |
| 95 位 | 西撒哈拉 | 2.2 | 197 位 | 阿鲁巴 | 1.2 |
| 96 位 | 格鲁吉亚 | 2.1 | 198 位 | 中国 | 1.2 |
| 97 位 | 印度尼西亚 | 2.1 | 199 位 | 马耳他 | 1.2 |
| 98 位 | 科威特 | 2.1 | 200 位 | 中国澳门特别行政区 | 1.1 |
| 99 位 | 黎巴嫩 | 2.1 | 201 位 | 圣马力诺 | 1.1 |
| 100 位 | 缅甸 | 2.1 | 202 位 | 新加坡 | 1.0 |
| 101 位 | 秘鲁 | 2.1 | 203 位 | 韩国 | 0.9 |
| 102 位 | 美属维尔京群岛 | 2.1 | 204 位 | 中国香港特别行政区 | 0.8 |

数据来源：联合国人口基金网站http://www.unfpa.org的最新世界人口数据（2023）

# 附录2

附录2  日本少子化对策措施

| 政策制定时间 | 政策名称及有效时间 | 政策内容 |
|---|---|---|
| 1994 年 12 月 | 天使计划（1995—1999 年） | 在 1990 年的"1.57 冲击"①之后，日本政府意识到出生率下降和儿童数量减少是一个"问题"，并开始考虑采取措施，创造一个更有利于生育和育儿的环境，例如支持平衡工作和家庭生活的政策等。1994 年 12 月，《未来支持育儿措施的基本方向》（被称为"天使计划"）确定了未来 10 年要采取的基本方向和重点措施，该计划得到了教育、卫生和福利、劳工和建筑四位部长的同意。此外，为了实施"天使计划"，还制定了"儿童紧急护理措施五年项目"（由财政、卫生、福利和民政三个部门联合发起），旨在扩大儿童护理的数量，改善各种类型的儿童护理，如 0~2 岁儿童的护理和延长日托时间，并发展社区儿童护理支持中心。该项目的目标年份是 1999 年（由财政、卫生和福利、内政三个部长同意） |

---

①  1990 年 1.57 的冲击是指：发现上一年（1989 年）的总和生育率为 1.57，低于 1966 年 1.58 的历史最低总和生育率。

| 政策制定时间 | 政策名称及有效时间 | 政策内容 |
|---|---|---|
| 1999 年 12 月 | 新天使计划（2000—2004 年） | 1999 年 12 月，制定了《促进应对出生率下降措施的基本政策》（由促进应对出生率下降措施有关的部长会议决定）和《新天使计划》（由财政、教育、福利、劳动、建设和内政六位部长商定），作为基于该政策的优先措施的具体执行计划。新天使计划是对现有天使计划和紧急托儿措施及其他五年项目的修订，是一个涵盖 2000—2004 财政年度的五年计划。最后一年要实现的目标项目被扩大，不仅包括现有与儿童保育相关的项目，还包括就业、妇幼保健、咨询和教育等领域 |
| 2003 年 7 月 | 支持下一代发展措施办法（自 2003 年 7 月起） | 为了应对家庭和社区育儿技能的下降，并从支持家庭养育下一代的角度出发，日本政府于 2003 年 7 月颁布了《促进下一代发展措施法》（2003 年第 120 号法律），旨在促进地方当局和公司在 10 年内做出密集和有计划的努力。该法案鼓励地方当局和雇主分别制定和实施行动计划，以促进支持下一代发展的努力。该法案于 2014 年进行了修订，将其有效期延长了 10 年，并加强了其内容，包括引入新的认证体系 |
| 2003 年 9 月 | 少子化社会基本对策法（2003 年 9 月—今）少子化社会对策纲要（2004 年 6 月—2010 年 1 月） | 2003 年 7 月，日本通过议会立法制定了《少子化社会基本对策法》（2003 年第 133 号法），旨在明确应对出生率下降的基本原则，并全面推进准确的措施。该法于 2003 年 9 月生效。根据该法，内阁办公室成立了出生率下降社会对策委员会，由总理担任主席，各部长组成。此外，根据法案的规定，政府制定了《少子化社会对策纲要》作为应对出生率下降的指导方针，并于 2004 年 6 月获得内阁批准 |

续　表

| 政策制定时间 | 政策名称及有效时间 | 政策内容 |
|---|---|---|
| | | 《纲要》指出，转变为注重儿童健康成长的社会，让人们在拥有和抚养孩子的过程中感到幸福，是一项紧迫的任务。基于全社会应该支持育儿家庭，使他们能够安心、愉快地抚养孩子的基本理念，政府将应对出生率下降的措施定位为至关重要的任务，并提出了"三个观点""四个优先问题"和"28项具体行动" |
| 2004年12月 | 儿童和儿童保育支持计划（2005—2009年） | 2004年12月，为有效推进《纲要》中的措施，少子化社会对策委员会制定了《少子化社会对策优先措施具体计划》（儿童与儿童保育支援计划），并制定了2005—2009年五年内需要采取的具体措施和目标。该计划涉及国家、地方政府和企业必须共同解决的事项，旨在全面推动儿童和儿童保育的支持 |
| 2006年6月 | 关于新的低生育率措施（2006年6月—2007年） | 2005年，自日本1899年开始进行人口统计以来，出生人数首次低于死亡人数，出生人数为106万，总生育率为1.26，均为历史最低水平。<br>为了应对这种出乎意料的低出生率大幅度扩大问题，并大规模扩大对应少子化问题的措施，应对少子化对策委员会于2006年6月决定采取"应对少子化的新措施"。<br>《应对少子化的新措施》规定了从怀孕和分娩到高中和大学各个年龄段的育儿支持措施，重点是支持所有养育子女的家庭，无论父母是否就业，并且意识到随着孩子年龄增长，对育儿支持的需求也会有所变化。此外，通过设立"家庭日"和"家庭周"，促进全国范围内的活动，以恢复家庭和社区之间的联系，并提高全社会的意识 |

| 政策制定时间 | 政策名称及有效时间 | 政策内容 |
| --- | --- | --- |
| 2007 年 12 月 | 日本支持儿童和家庭的优先战略（自 2007 年 12 月起） | 根据 2006 年 12 月的《日本人口预测》，显示出生率下降和人口老龄化问题日益严峻。鉴于此，出生率下降社会对策委员会于 2007 年 12 月通过了《日本支持儿童和家庭的优先战略》（以下简称《优先战略》）。该战略的制定基于人口结构变化特别小组委员会和社会保障理事会的讨论。<br>《优先战略》指出，为了解决工作与生育 / 育儿之间的矛盾，必须同时着力于"通过审查工作方式实现工作与生活的平衡"和"建立一个支持下一代发展的综合纲要"（建立一个全面支持"平衡父母就业和育儿"以及"在家育儿"的系统），作为社会的基础。<br>关于通过审查工作方式实现工作与生活的平衡，2007 年 12 月，政治、劳动和管理部门代表组成的促进工作与生活平衡公私高层理事会制定了《工作与生活平衡（WORK-LIFEBALANCE）宪章》和《促进工作与生活平衡行动指南》。<br>在《优先战略》的基础上，2008 年 2 月，日本政府决定提高和加强儿童保育措施的质量和数量，包括解决儿童等待托儿所位置的问题，以实现一个所有希望如此的家庭都能放心地将孩子留在托儿所并继续工作的社会，并解决整个社会中儿童健康发展的问题。政府宣布了"新的零等待儿童战略"，以实现这一目标 |

续　表

| 政策制定时间 | 政策名称及有效时间 | 政策内容 |
|---|---|---|
| 2010年1月 | 制定新的总体纲要（儿童和父母的愿景）（2010年1月—2015年3月） | 2009年1月，内阁办公室成立了一个项目组，全面考虑应对少子化的对策，以响应于2008年12月由少子化对策审议会决定的"制定应对少子化措施的新的政策大纲"。该项目组在特别任务国务大臣（少子化对策）的领导下共召开了10次会议，进行了农村地区的讨论，并与大学生进行了公开论坛。于2009年6月编写了《全面应对出生率下降的措施》提案。<br>随后，2009年10月成立了"儿童和育儿愿景审查工作组"，由负责应对措施的三位政治执行官（部长、国务部长和议会副部长）组成。他们对少子化问题进行了研究，听取了专家、经营者、育儿支援相关的地方政府官员等的意见，并征求了公众的意见。<br>内阁决定了新的总体纲要（儿童和育儿的愿景）。新的总政策概述了在实施支持儿童和育儿措施时要遵循的三个重要态度：（1）重视生命和养育；（2）回应有需要的人的声音；（3）支持他们的日常生活。在此基础上，将根据"面向社会的四大政策支柱"和"12项主要措施"来实施具体措施 |
| 2010年1月 | 新的儿童和育儿支援制度全面实施前的进展（2010年1月—） | 根据2010年1月内阁关于国家纲要（儿童和儿童保育愿景）的决定，在少子化社会措施理事会下设立了儿童保育新制度理事会，以讨论新的儿童保育资助制度。2012年3月，出生率下降的社会措施委员会决定了新的儿童保育制度的基本制度。在此基础上，日本政府向2012年的普通国会会议（第180届国会会议）提交了包括《儿童保育和育儿支援法》在内的三项法案，作为与社会保障和税收综合改革有关的法案 |

| 政策制定时间 | 政策名称及有效时间 | 政策内容 |
|---|---|---|
| 2010年1月 | 新的儿童和育儿支援制度全面实施前的进展（2010年1月—） | 在社会保障和税收的一体化改革中，作为社会保障费用主要资金来源的消费税（国税）的分配范围扩大到了包括少子化措施在内的四项社保费用（养老金、医疗、护理和少子化措施），而不是现有的三项老年人费用（基本养老金、老年人医疗和护理）。<br>根据国会修订后通过的《儿童育儿支援法》（2012年第65号法），日本政府一直在为全面实施"新儿童育儿支援制度"做准备。2014年度，利用消费税率上调至8%的财政资源，在候补儿童较多的城镇和农村实施了"紧急保育保障项目" |
| 2013年4月 | 消除托儿候补名单的努力（2013年4月起） | 2013年4月，为了加快消除主要在城市地区存在的严重问题——等待名单上的儿童，制定了一个新的"消除等待名单上的儿童的加速计划"，目标是确保从2013财政年度到2017财政年度末为大约40万人提供托儿所。因此，在2013财政年度和2014财政年度，即消除儿童等待名单的"紧急集中努力期"，接受照料的儿童人数增加到约22万（最初目标为20万）。<br>考虑到未来妇女就业率将进一步上升，决定在2017财年之前将托儿所数量增加到40万到50万之间，以消除等待名单上的儿童数量 |

续　表

| 政策制定时间 | 政策名称及有效时间 | 政策内容 |
|---|---|---|
| 2013年6月 | 克服生育危机的紧急措施（2013年6月起） | 2013年3月，在内阁办公室特别任务（应对出生率下降的措施）国务大臣的领导下，成立了一个突破生育率危机的特别工作组，并于同年5月28日编制了《突破生育率危机的建议》。根据这一建议，同年6月，少子化社会对策委员会决定采取"突破生育危机的紧急措施"（以下简称"紧急措施"）。紧急措施是基于这一建议，进一步强化了作为应对出生率下降的措施而实施的"养育子女"和"工作方式改革"，并将"婚、孕、育支持"作为措施的新支柱，从而形成了对婚姻、怀孕、生育和育儿"无缝支持"的综合政策的"三支箭"。其目的是提高和加强对婚姻、怀孕、生育和育儿的"无缝支持"的综合政策。<br>另外，紧急措施的内容也包括《经济和财政管理与改革的基本政策：结束通货紧缩和振兴经济》（2013年6月14日内阁决定）和《振兴日本战略——日本是BACK》（2013年6月14日内阁决定）在内。政府目的是全力采取协调一致的行动来解决出生率下降的问题。<br>此外，为了稳步实施紧急措施，自2013年8月起，特别任务国务大臣（出生率下降对策）成立了克服出生率下降危机的工作队（第二期）（以下简称工作队）（第二学期）启动。2013年11月，课题组政策推进组（第二阶段）政策推进组《应对生育率下降危机的紧急方案》（2013年11月）提出因地制宜的无缝婚、孕、育、育。鉴于支持的重要性和全国知事协会的强烈要求，"实现良性循环的经济措施"（2013年12月5日内阁决定）决定在2013年度补充预算中，设立"地区少子化对策强化补助金"（30.1亿日元）。 |

| 政策制定时间 | 政策名称及有效时间 | 政策内容 |
|---|---|---|
| 2013年6月 | 克服生育危机的紧急措施（2013年6月起） | 此外，为了稳步实施紧急措施，2013年8月，在内阁府特别任务（生育率下降措施）国务大臣的领导下，成立了突破生育危机工作组（第二阶段）["工作组（第二届）"]。紧急措施和突破生育危机工作组（第二届）政策促进小组的"突破生育危机的紧急建议"（2013年11月）包括因地制宜地对婚姻、怀孕、生育和育儿提供无缝支持，并鉴于全国知事协会的强烈要求，"创造良性循环的经济措施"（2013年12月5日的内阁决定）包括决定在2013年度补充预算中，设立"地区少子化对策强化补助金"（30.1亿日元）。<br>2014年5月工作组（第二届）编制的建议主要内容是《2014年经济财政管理和改革基本政策——从通缩到扩大良性循环的决定》，并将其作为整个政策政府 |
| 2014年1月 | "选择未来"委员会（2014年1月—11月） | 由于人口减少、少子化和人口老龄化对整个经济和社会产生重大影响，2014年1月，经济和财政政策委员会下成立了"选择未来"委员会，并大力讨论如何以综合方式解决人口、经济和社区问题。同年5月编制中期总结，同年11月编制报告 |
| 2014年7月 | 制定课后儿童综合计划（2014年7月—2019年3月） | 使用日托中心的双职工家庭面临着为其子女确保安全和有保障的课后场所的问题，甚至在他们开始上小学之后。为了解决所谓的"一年级障碍"，有必要开发儿童可以在课余时间安全度过的场所。此外，从培养下一代人才的角度来看，重要的是让所有儿童，不仅限于双职工家庭的子女或双收入家庭的孩子，都能在放学后享受多样化的体验和活动 |

续　表

| 政策制定时间 | 政策名称及有效时间 | 政策内容 |
|---|---|---|
| 2014年7月 | 制定课后儿童综合计划（2014年7月—2019年3月） | 为此，文部科学省和厚生劳动省于2014年7月共同制定了儿童综合课后计划。该计划旨在到2019财政年度末为约30万名儿童建立新的课后儿童俱乐部，并通过综合或协调的方式在所有小学区设立课后儿童俱乐部和课后儿童班，力争在1万多个地点提供综合课后儿童俱乐部和课后儿童班的服务 |
| 2014年9月 | 地方发展举措（自2014年9月起） | 针对日本面临的人口迅速减少和超级老龄化等重大挑战，有必要从以下三个方面创造有吸引力的地区：（1）纠正"东京的过度集中"；（2）实现年轻一代对就业、婚姻和育儿的希望；（3）立足于解决区域问题的三个视角，结合区域特色，打造有吸引力的区域。为此，在2014年9月3日就职的安倍内阁第二次改组中，新设立了负责地方振兴的大臣一职，并成立了市町村振兴本部。此外，同年11月，《城镇、人口和就业振兴法》（2014年第136号法）获得通过，制定了12月27日《创造城市、人民和工作的长期愿景》，以及五年期（2015—2019财年）目标和措施的基本方向。内阁批准了《创造城镇、人民和就业的综合战略》的第一阶段，该战略规定了五年期间（2015—2019财政年度）的目标、措施的基本方向和具体措施。考虑到这些因素，地方当局也开始制定地方版本的《创建城镇、人民和工作场所综合战略》 |

| 政策制定时间 | 政策名称及有效时间 | 政策内容 |
|---|---|---|
| 2015年3月 | 制定新的总纲要（第三纲要）（2015年3月—2020年5月） | 2014年11月，在内阁府特别事务大臣（少子化对策）的领导下，由专家组成立了制定新的《少子化社会对策纲要》研究小组，研究第三份新纲要。政府认真对待这些建议，并对总方针进行了研究，同年3月20日，在少子化社会措施委员会会议之后，内阁通过了第三个新的少子化社会措施总纲要。<br>第三个国家战略纲要确定了五项优先任务：超越现有的遏制出生率下降的措施纲要，增加对婚姻的新支持，进一步完善支持养育子女的措施，实现年轻时结婚生子的愿望，更加关注多子女家庭，改革男女的工作方式，加强适合当地情况的措施。除了优先考虑的问题，政府还决定全面推进详细的措施，从长远角度应对出生率下降的问题。<br>2015年6月，随着第三纲要的制定，内阁府特别任务国务大臣（少子化对策）迅速落实了纲要中规定的重点问题的措施，并为实施铺平了道路。最后，政府召开了婚育支援优先措施专家研究会，落实《少子化社会对策总纲》。同年8月，研究组下发《建议》，并在此基础上实施了支持本地区婚姻工作、培育全社会应对少子化形势等具体措施 |

续　表

| 政策制定时间 | 政策名称及有效时间 | 政策内容 |
|---|---|---|
| 2015年4月 | 新儿童育儿支援制度的实施（自2015年4月起） | 以2012年制定的与儿童和育儿有关的三项法律[①]为基础的"新儿童育儿支援制度"于2015年4月1日全面生效 |
| 2015年4月 | 设立儿童育儿本部（2015年4月起） | 为配合2015年4月实施的"支援儿童和育儿新制度"，内阁办公室成立了儿童和育儿总部，这是一个由特别任务（少子化措施）国务大臣领导的新组织，负责规划、起草和综合协调针对出生率下降和支持儿童和育儿的措施，推动《出生率下降社会措施纲要》，并实施"支持儿童和育儿新制度" |
| 2016年4月 | 儿童育儿支援法的修订（2016年4月起） | 在2016年的国会常会（第190届会议）上，为了改善为儿童和儿童保育提供支持的制度，对《儿童保育支持法》进行了修订，设立了一个项目来补贴和帮助建立现场儿童保育服务设施，提高了向一般企业主征收的缴费率的上限，并于同年4月生效 |
| 2016年6月 | 制定"日本一亿"成功计划（自2016年6月起） | 在2015年10月，总理主持召开了"一亿人崛起社会全国委员会"，旨在推动实现"一亿人活跃社会"的计划，并将其作为实现"新三箭"计划的一部分，其中包括"筑梦托儿所支持"。2016年5月，理事会编制了"日本一亿成功计划"，并于同年6月2日获得内阁批准。 |

---

①　三项法律：《儿童和儿童保育支助法》（2012年第65号法）、"部分修订《促进为学龄前儿童全面提供教育、保育和其他服务法》的法律"（2012年第66号法）以及"关于制定与执行部分修订《儿童和儿童保育支助法》和《促进为学龄前儿童全面提供教育、保育和其他服务法》有关的法律"（2012年第67号法）。

| 政策制定时间 | 政策名称及有效时间 | 政策内容 |
|---|---|---|
| 2016年6月 | 制定"日本一亿"成功计划（自2016年6月起） | 该计划制定了从2016年到2025年的十年路线图，以解决出生率下降和人口老龄化等经济增长的瓶颈问题，并实现1.8的理想出生率，包括采取措施稳定和改善年轻人的就业条件，加强多样化的儿童保育服务，推动工作方式的改革，克服妨碍人们接受所需教育的限制。对于加强对婚姻的支持，2016年10月，内阁办公室特别任务（应对少子化的措施）国务大臣召开了关于公司和组织努力创造实现理想婚姻环境的研究小组会议。会议讨论了公司、组织和大学与地方当局合作的努力。在同年12月发布的建议中，该委员会指出，首要任务是改革工作方式，以改善婚姻环境。建议中提供了公司和其他组织自愿采取的举措示例，例如支持平衡工作和育儿、提供多样化的交流机会和支持促进婚姻的活动。此外，建议还概述了国家和地方政府如何提供支持，例如支持与地方当局合作的自愿举措，并强调在推行这些举措时要注意不强加或鼓励特定的价值观或生活方式 |
| 2017年3月 | 制定工作条件改革行动计划（自2017年3月起） | 2016年9月，总理主持了实现工作场所改革理事会，旨在促进制定实现工作方式改革的行动计划。这个理事会由总理主持，于2016年9月召开。会议讨论了纠正长时间工作、规范加班限制以及通过实现同工同酬改善非正式员工待遇等主题。随后，在2017年3月编制了《工作场所改革行动计划》 |

续　表

| 政策制定时间 | 政策名称及有效时间 | 政策内容 |
| --- | --- | --- |
| 2017年6月 | "安心育儿计划"公布（2017年6月—2021年3月） | 考虑到25~44岁女性就业率的预期增加，托儿服务的需求也与就业率相关联。因此，政府于2017年6月宣布了"托儿保障计划"，决定在2018财政年度到2022财政年度末为32万人建立托儿设施，以满足80%的女性就业率。该计划还包括为32万名儿童建立一个托儿所系统，可容纳80%的女性就业率。此外，内阁于2017年12月批准的新经济政策方案加速了这一计划，并指出到2020财政年度末将提供32万个儿童保育名额。 |
| 2017年12月 | 制定"新一揽子经济政策"（2017年12月起） | 2017年12月8日，日本政府批准了由"人力资源开发革命"和"生产力革命"组成的"新经济政策一揽子计划"，旨在解决经济衰退的最大障碍。其中，"人力资源开发革命"涵盖了价值2万亿日元的一揽子政策，包括免费提供幼儿教育、取消儿童等候名单、免费提供高等教育等，以及通过大胆地将政策资源投入到儿童抚养和教育上，将社会保障体系改革为全代际方式。此外，政府已决定利用消费税率提高到10%（从2019年10月起）的财政资源，作为这些措施的稳定资金来源，并将儿童和儿童抚养费增加0.3万亿日元 |
| 2018年4月 | 儿童育儿支援法的修订（2018年4月起） | 在2018年国会常会（第196次会议）上，修订了《儿童育儿支援法》，提高了向一般企业主收取的最高缴款率，并将部分缴款用于儿童教育和保育福利的费用，以满足不断增长的儿童保育需求。该法于2018年4月生效。 |

| 政策制定时间 | 政策名称及有效时间 | 政策内容 |
|---|---|---|
| 2018年6月 | 制定人力资源革命基本计划（2018年6月起） | 2018年6月，为了实现经济社会制度的宏观政策构想，针对百岁寿命时代，宣布成立了"百岁时代推进概念委员会"，并于2018年6月编制了《人力资源开发革命的基本概念》。该概念被纳入《2018年经济财政管理和改革基本方针》（于2018年6月15日内阁批准）。具体来说，关于免费幼儿教育，目标是从2019年10月起全面实施，并详细介绍了目标人群和服务范围 |
| 2018年6月 | 制定相关法律促进工作方式改革的法案（2018年6月起） | 在2018年国会常会（第196次会议）上通过了《关于完善相关法令以促进工作场所改革的法律》（2018年第71号法律）。该法通过规定纠正长时间工作、实现多样化和灵活的工作方式以及确保不论就业状况如何都能获得公平待遇等措施，全面推动工作场所改革，实现劳动者可以根据自身情况选择多样化的工作方式的社会 |
| 2018年9月 | 制定新的儿童综合课后计划（自2019年4月起） | 根据2014年7月制定的儿童综合课后计划的进展情况以及儿童福利和教育措施的趋势，我们计划设立课外儿童俱乐部，进一步推进面向课外儿童的措施。从2019年度开始，我们将在未来五年内致力于消除儿童等候名单，并全面推进课后儿童俱乐部和课后儿童教室的综合实施，以确保为所有儿童提供安全可靠的场所。文部科学省和厚生劳动省共同制定了一项全新的课后托儿计划。根据该计划，到2021财年末，我们计划建立约250 000个课后儿童俱乐部，到2023财年末，这一数字将增加到约300 000个俱乐部。我们的目标是为儿童提供更好的服务和支持。 |

续　表

| 政策制定时间 | 政策名称及有效时间 | 政策内容 |
| --- | --- | --- |
| 2018年9月 | 制定新的儿童综合课后计划（自2019年4月起） | 为了进一步推动针对放学后儿童的措施，考虑到2014年7月制定的《放学后儿童综合计划》的进展以及儿童福利和教育领域措施的发展趋势，教育、文化、体育、科学和技术部（MEXT）和卫生、劳动和福利部（MHLW）联合制定了从2019财政年度起为期五年的课后儿童措施的新计划。该计划包括消除课后儿童俱乐部的等待名单以及促进课后儿童俱乐部和课后儿童班的综合实施等措施，旨在为所有儿童提供安全的场所。根据这一计划，我们的目标是到2021财政年度末建立约25万个课后儿童俱乐部，并进一步提供约30万个俱乐部，以满足女性就业率的上升需求 |
| 2019年5月 | 儿童和育儿支持法部分修改法案（从2019年5月起） | 为了准备根据2017年12月8日内阁决定的"新经济政策方案"实施免费教育，2019年普通国会会议（第198次会议）通过了《部分修订儿童保育和育儿支援法》（2049年第7号法律）和《大学高等教育支援法》（2049年第8号法律）。此后，颁布了《幼儿教育支援法》（2049年第9号法律）和《大学及短期大学教育支援法》（2049年第10号法律）。因此，从2019年10月开始，新的免费幼儿教育和儿童保育制度以及从2020年4月开始的新的低收入家庭高等教育学习支援制度已经实施。这些措施的资金来源于将消费税率提高到10%（自2019年10月起）的措施 |

| 政策制定时间 | 政策名称及有效时间 | 政策内容 |
|---|---|---|
| 2019年12月 | 制定第二期《振兴镇、民、业综合战略》（2019年12月起） | 2019年12月20日，第二届会议确定了《振兴城镇、人民和就业的长期愿景（2019年修订）》以及2020—2024年五年期的目标和措施方向。《振兴城镇、人民和就业的综合战略》获得了内阁的批准。为了实现"充满活力的地方社区"并纠正未来"东京地区过度集中"的问题，我们设定了四个基本目标，其中包括"实现结婚、分娩和育儿的愿望"，以及两个交叉目标。在这三个横向目标下，我们正在努力进一步提升和加强区域振兴措施。<br>2019年12月20日，日本内阁批准了《创造城镇、人民和就业的综合战略》的第二阶段，其中明确了《创造城镇、人民和就业的长期愿景》（2019年修订）以及2020—2024年五年间的目标和措施方向。为了实现未来的"充满活力的地方社区"并纠正"东京都地区的过度集中"，日本政府设定了四个基本目标，包括"实现结婚、分娩和育儿的愿望"，以及在两个交叉目标下进一步提升和加强区域振兴措施 |
| 2020年3月 | "选择未来2.0"委员会（2020年3月—2021年6月） | "选择未来2.0"委员会于2020年3月—2021年6月期间运作，并召开了"选择未来2.0"专家圆桌讨论小组会议，审查了"选择未来"委员会报告的进展，并为制定未来必要的措施做出了贡献。在2020年7月，委员会编制了一份临时报告，并在2021年6月完成了一份正式报告。报告指出，需要大胆投资于人力资源和制度改革，以充分发挥日本最重要的资源，即人力资源，包括青年和妇女的力量 |

续　表

| 政策制定时间 | 政策名称及有效时间 | 政策内容 |
|---|---|---|
| 2020年5月 | 制定和推进新纲要（第四纲要）（从2020年5月起） | 2019年2月，由内阁府特别事务大臣（少子化措施）领导下的专家组制定了《第四期少子化社会对策纲要》，旨在讨论并制定新的纲要作为第四期的对策。政府对这些建议给予了认真重视，并对总纲要进行了研究。2020年5月29日，在经过有关出生率下降的社会措施理事会的讨论后，内阁通过了第四期的新《少子化社会对策纲要》。<br>为了实现1.8的理想出生率，第四个国家纲要基于以下五个基本概念：（1）创建一个能够让已婚夫妇和养育子女的一代展望未来的环境；（2）满足养育子女家庭的多样化需求；（3）根据地方情况推动具体措施；（4）构建一个支持婚姻、怀孕、生育、子女抚养的温暖社会；（5）积极利用科技成果等新资源，营造一个关注婚姻、怀孕、育儿和养育子女的社会氛围。基于这五个基本理念，结合社会条件的变化，从相关人群的角度出发，推进与2022年时代相适应的少子化治理措施。<br>新冠疫情的爆发对婚姻、怀孕、分娩和育儿产生了重大影响，再次凸显了创造一个安全的分娩和养育环境的重要性。因此，政府将继续关注这一情况，并在必要时灵活应对。同时，政府还将考虑到疫情解决后可能出现的社会经济和人民生活的变化，并推动综合措施来应对少子化的问题。<br>为了有效推进基于《第四纲要》的各项措施，并促进更有效的少子化对策，政府将对措施的进展进行验证和评估，并对PDCA周期进行必要的修改。在此基础上，于2021年6月，在内阁府特别事务大臣（少子化对策）的领导下，召开了由专家组成的《少子化社会对策纲要》推进研究会，并计划于2022年夏季，即《纲要》实施到中期时，编制中期评估报告 |

| 政策制定时间 | 政策名称及有效时间 | 政策内容 |
|---|---|---|
| 2020年12月 | 制定《全民社会保障改革政策》（2020年12月起） | 2019年9月，总理主持召开了"跨世代社会保障研究会"。会议展望了百岁寿命时代的到来，并讨论了养老金、劳动、医疗、护理和少子化等问题，确保老年人和孩子都能够安享安心的生活。2019年12月发布了中期报告，2020年6月发布了第二次中期报告。同年12月，内阁编制并通过了《全民社保改革政策》。<br>在《全民社会保障改革政策》中，为了在解决长期存在的少子化问题上取得重大进展，该政策提出了一系列措施。其中包括尽快实现不孕不育治疗的保险覆盖，并制定一项新计划来消除儿童等待名单的数量，并促进男性育儿假的实施。<br>关于不孕不育治疗的保险问题，会议决定从2022财政年度开始实施保险，并按照时间表进行相关准备工作。此外，新计划还涵盖扩大现有的补贴制度，逐步扩大保险范围，提供更多对不孕不育的检测的支持，推动生育治疗和工作平衡的社会氛围，并采取必要的措施促进雇主改善工作场所环境。这些举措旨在为不孕不育夫妇提供更多支持，并鼓励他们克服生育障碍，从而应对少子化问题。<br>此外，政府决定在2020年底前制定一项名为"新托儿保障计划"的计划，旨在消除等待托儿服务的儿童数量，并利用当地的托儿资源，包括幼儿园和保姆服务，以响应妇女就业率的上升。 |

续　表

| 政策制定时间 | 政策名称及有效时间 | 政策内容 |
|---|---|---|
| 2020年12月 | 制定《全民社会保障改革政策》（2020年12月起） | 关于新计划的财政资源，为了在全社会支持儿童抚养方面确保稳定的财政资源，政府决定除了公共支出外，寻求与企业界的合作。根据《出生率下降的社会对策纲要》（于2020年5月29日获得内阁批准），儿童津贴扩大至高收入家庭的主要养家者（年收入超过1200万日元的人）。2020年12月，政府宣布了新的儿童保育保障计划，并在2021年普通国会会议（第204次国会会议）上通过了《部分修订儿童保育支助法和儿童津贴法的法律》（2021年第50号法律）。随后，2021年国会常会（第204届会议）也通过了《儿童保育支持法和儿童津贴法修订法》（2021年第50号法律）。<br>此外，为了鼓励男性在私营企业中休育儿假，2021年国会常会（第204届国会）通过了《关于劳动者福利法和就业保险法部分修改法》（2021年第58号法律），建立了一个新框架，鼓励父亲在孩子出生后立即休取育儿假 |
| 2020年12月 | "新育儿安心计划"公告（2020年12月起） | 2020年12月，卫生、劳动和福利部（MHLW）宣布了新的儿童保育安全计划。该计划旨在在2021财政年度到2024财政年度末的四年内为约14万名儿童提供托儿设施，并通过以下支柱促进各种举措：（1）根据区域特点提供支持；（2）通过提高吸引力确保托儿工作者的数量；（3）充分利用当地的托儿资源。政府旨在尽快消除儿童候补名单，以应对25~44岁女性的就业率上升的情况 |

| 政策制定时间 | 政策名称及有效时间 | 政策内容 |
|---|---|---|
| 2021年2月 | 制定修改部分《儿童育儿支援法》和《儿童津贴法》的法案（2021年5月） | 在2021年国会常会（第204届国会）期间，作为推进少子化问题综合措施的一部分，日本政府为了应对不断增长的儿童保育需求，并有效实施支持儿童和育儿措施，制定了《儿童育儿支援法部分修正案》和《儿童津贴法修正案》的法案（2021年第50号法案），并于2021年颁布 |
| 2021年6月 | 考虑设立儿童和家庭机构的讨论（从2021年6月起） | 根据《2021年经济和财政管理与改革基本政策》（内阁于2021年6月18日批准），政府将加快发展有利于生育和抚养儿童的环境，加强保护儿童生命和安全的措施，并考虑儿童政策的方向，从儿童的角度适当应对各种与儿童相关的问题。日本政府决定研究儿童政策的方向，加强保护儿童生命和安全的措施，并从儿童的角度适当地应对各种与儿童相关的问题。为此，召集了一个促进儿童政策的工作组，并对行政组织进行了审查。从2021年9月起，召开了五次儿童政策推进专家会议，并于同年11月编写了一份报告。在此基础上，内阁于同年12月通过了《儿童政策新推进框架的基本政策》。<br>根据基本政策，应设立儿童和家庭机构作为一个新的指挥中心，从儿童的角度出发，考虑儿童周围的所有环境，确保儿童的权利，不让任何儿童被忽视，鼓励整个社会的健康发展，日本社会始终以儿童的最大利益为中心。 |

续　表

| 政策制定时间 | 政策名称及有效时间 | 政策内容 |
|---|---|---|
| 2021年6月 | 考虑设立儿童和家庭机构的讨论（从2021年6月起） | 基于基本政策，儿童和家庭事务局将集中儿童政策的指挥职能，这些职能以前分散在内阁办公室、卫生、劳动和福利部以及其他部门，并从高于各部门的位置规划、起草和协调儿童政策，包括防止出生率下降的措施。同时，加强并实施婚姻支持、孕前支持、孕产支持、妇幼保健、托儿支持、为儿童创造场所和支持有困难的儿童等任务，并进一步加强儿童政策，包括采取措施防止出生率下降<br>基于以上情况，在2022年国会常会（第208次会议）上提交了《关于设立儿童和家庭事务局的法案》，其中包括设立儿童和家庭事务局作为内阁府的一个外部机构。 |

资料来源：内閣府ホームページ(cao.go.jp)，《少子化社会对策白皮书》2022年版

# 参考文献

[1] 厉以宁 . 消费经济学 [M]. 北京：人民出版社，1984.

[2] 厉以宁 . 中国宏观经济的实证分析 [M]. 北京: 北京大学出版社，1992.

[3] 臧旭恒 . 中国消费函数分析 [M]. 上海：上海人民出版社，1994.

[4] 路遇，翟振武 . 新中国人口五十年 [M]. 北京: 中国人口出版社，2009.

[5] 依绍华 . 中国居民消费结构升级研究 [M]. 北京：中国社会科学出版社，2019.

[6] 郭志刚，张恺悌 . 对子女数在老年人家庭供养中作用的再检验——兼评老年经济供给"填补"理论 [J]. 人口研究，1996(02):7—15.

[7] 叶海云 . 试论流动性约束、短视行为与我国消费需求疲软的

关系 [J]. 经济研究，2000(11):39—44.

[8] 张文娟，李树茁. 代际支持对高龄老人身心健康状况的影响研究 [J]. 中国人口科学，2004(S1):39—44+176.

[9] 陈钰芬. 我国居民收入、人口、教育、财政政策和货币政策与居民消费模型的实证分析 [J]. 数理统计与管理，2004(02):10—14.

[10] 金晓彤，杨晓东. 中国城镇居民消费行为变异赓的四个假说及其理论分析 [J]. 管理世界，2004(11):5—14.

[11] 李广众. 政府支出与居民消费：替代还是互补 [J]. 世界经济，2005(05):38—45.

[12] 李扬，殷剑峰. 中国高储蓄率问题探究——1992—2003 年中国资金流量表的分析 [J]. 经济研究，2007(06):14—26.

[13] 李文星，徐长生，艾春荣. 中国人口年龄结构和居民消费:1989—2004[J]. 经济研究，2008(07):118—129.

[14] 汤兆云. 建国以来中国共产党人口政策的演变与创新 [J]. 科学社会主义，2010(03):109—112.

[15] 马小红，孙超. 中国人口生育政策 60 年 [J]. 北京社会科学，2011(02):46—52.

[16] 金烨，李宏彬，吴斌珍. 收入差距与社会地位寻求：一个高储蓄率的原因 [J]. 经济学（季刊），2011，10(03):887—912.

[17] 陈斌开，林毅夫. 金融抑制、产业结构与收入分配 [J]. 世界经济，2012，35(01):3—23.

[18] 郑妍妍，李磊，刘斌. "少子化""老龄化"对我国城镇家

庭消费与产出的影响 [J]. 人口与经济，2013(6):19—29.

[19] 毛中根，孙武福，洪涛. 中国人口年龄结构与居民消费关系的比较分析 [J]. 人口研究，2013，37(03):82—92.

[20] 温忠麟，叶宝娟. 中介效应分析：方法和模型发展 [J]. 心理科学进展，2014，22(5):731—745.

[21] 茅锐，徐建炜. 人口转型、消费结构差异和产业发展 [J]. 人口研究，2014，38(03):89—103.

[22] 储成兵，李平. 基于非正式制度视角下的三期代际交叠模型 [J]. 中央财经大学学报，2014(02):79—83.

[23] 王欢，黄健元. 中国人口年龄结构与城乡居民消费关系的实证分析 [J]. 人口与经济，2015(02):11—20.

[24] 宁满秀，王小莲. 中国农村家庭代际经济支持行为动机分析 [J]. 农业技术经济，2015(05):21—33.

[25] 乔晓春. "单独二孩"，一项失误的政策 [J]. 人口与发展，2015，21(06):2-6+18.

[26] 白重恩，唐燕华，张琼. 中国隐性收入规模估计——基于扩展消费支出模型及数据的解读 [J]. 经济研究，2015，50(06):4—18.

[27] 王建志，任继球，齐乾. 我国居民消费问题研究——基于子女数量、内生时间偏好视角 [J]. 宏观质量研究，2016，4(02):61—70.

[28] 董艳梅，朱英明. 高铁建设能否重塑中国的经济空间布局——基于就业、工资和经济增长的区域异质性视角 [J]. 中国工业经济，2016(10):92—108.

[29] 晁钢令，万广圣 . 农民工家庭生命周期变异及对其家庭消费结构的影响 [J]. 管理世界，2016(11):96—109.

[30] 狄金华，郑丹丹 . 伦理沦丧抑或是伦理转向现代化视域下中国农村家庭资源的代际分配研究 [J]. 社会，2016，36(01):186—212.

[31] 王硕 . 家庭结构对老年人代际支持的影响研究 [J]. 西北人口，2016，37(03):78—83.

[32] 刘铠豪 . 人口年龄结构变化影响城乡居民消费率的效应差异研究——来自中国省级面板数据的证据 [J]. 人口研究，2016，40(02):98—112.

[33] 王跃生 . 中国家庭代际功能关系及其新变动 [J]. 人口研究，2016，40(05):33—49.

[34] 穆光宗 . 论中国的人口复兴 [J]. 北京大学学报 ( 哲学社会科学版 )，2016，53(06):93—99.

[35] 汪伟 . 人口老龄化、生育政策与中国经济增长 [J]. 社会观察，2017，15(03):52—54.

[36] 谭浩，李姝凡 . 通货膨胀对家庭财富不平等的影响分析 [J]. 统计与决策，2017(16):157—160.

[37] 毛中根，桂河清，洪涛 . 住房价格波动对城镇居民消费的影响分析 [J]. 管理科学学报，2017，20(04):17—31.

[38] 张慧芳，朱雅玲 . 居民收入结构与消费结构关系演化的差异研究——基于 AIDS 扩展模型 [J]. 经济理论与经济管理，2017(12):23—35.

[39] 刘佳，刘宁．生育政策调整背景下家庭旅游消费变化研究——以青岛市为例 [J]．扬州大学学报 ( 人文社会科学版 )，2017，21(06):59—66．

[40] 丁琨丽．全面二孩政策对北京市居民购房决策的影响 [J]．城市住宅，2017，24(12):73—76．

[41] 张霞．中国女性就业与生育困境的再思考——从女性主体地位出发 [J]．改革与战略，2017，33(10):48—52．

[42] 丁志宏，游奇，魏海伟．谁更会给老年父母经济支持 ?[J]．中国农业大学学报 ( 社会科学版 )，2017，34(02):102—111．

[43] 孙鹃娟，冀云．家庭"向下"代际支持行为对城乡老年人心理健康的影响——兼论认知评价的调节作用 [J]．人口研究，2017，41(06):98—109．

[44] 王静．不确定性、社会保障对农村居民消费的影响研究 [J]．农村经济，2018(07):83—88．

[45] 计迎春，郑真真．社会性别和发展视角下的中国低生育率 [J]．中国社会科学，2018(08):143—161+207—208．

[46] 周广肃，樊纲，马光荣．收入不平等对中国家庭可见性支出的影响 [J]．财贸经济，2018，(11):21—35．

[47] 李建伟，周灵灵．中国人口政策与人口结构及其未来发展趋势 [J]．经济学动态，2018(12):17—36．

[48] 周昱衡，韩晓宇．生育政策放松、社保体制改革与隐性财政权衡——基于多期世代交叠模型的研究 [J]．金融与经济，2018，

(12):72—79.

[49] 姚岩 . 学龄儿童母职角色再制的社会学思考 [J]. 河北师范大学学报 ( 教育科学版 )，2018，20(02):37—42.

[50] 陆杰华，张莉 . 中国老年人的照料需求模式及其影响因素研究——基于中国老年社会追踪调查数据的验证 [J]. 人口学刊，2018，40(02):22—33.

[51] 原新 . 积极应对人口老龄化是新时代的国家战略 [J]. 人口研究，2018，42(03):3—8.

[52] 靳卫东，王鹏帆，何丽 . "新农保"的养老保障作用 : 理论机制与经验证据 [J]. 财经研究，2018，44(11):125—138.

[53] 唐琦，夏庆杰，李实 . 中国城市居民家庭的消费结构分析 :1995—2013[J]. 经济研究，2018，53(02):35—49.

[54] 姚耀军 . 双重差分与三重差分模型 : 一个简明介绍 [J]. 经济资料译丛，2019(01):24—28.

[55] 胡荣，林彬彬 . 媒体使用对居民消费观念的影响 [J]. 江苏行政学院学报，2019(02):63—70.

[56] 郑真真 .20 世纪 70 年代妇女在生育转变中的作用——基于妇女地位、劳动参与和家庭角度的考察 [J]. 妇女研究论丛，2019(03):5—13.

[57] 任慧玲，刘社建 . 生育政策对城镇居民消费结构影响分析——基于扩展 AIDS 模型分析 [J]. 上海经济研究，2019(05):73—83.

[58] 沈澈，王玲 . 互动式发展 : 新中国成立 70 年来生育政策与

生育保障的演进及展望 [J]. 社会保障研究，2019(06):27—36.

[59] 石明明，江舟，周小焱 . 消费升级还是消费降级 [J]. 中国工业经济，2019(07):42—60.

[60] 钞小静，廉园梅 . 劳动收入份额与中国经济增长质量 [J]. 经济学动态，2019，(9):66—81.

[61] 杨阳 . 消费升级中的新贫困 : 从过度消费到代际贫困传递 [J]. 财经问题研究，2019(10):28—34.

[62] 龙斧，梁晓青 . 代际消费不平等 : 阶层化视角下子女教育支出对家庭消费的挤出效应 [J]. 南方人口，2019，34(04):26—36.

[63] 刘颜，周建军 . 城市房价上涨促进还是抑制了城镇居民消费 ?[J]. 消费经济，2019，35(01):49—56.

[64] 王芳，黄莉芳 . 家庭特征对居民消费支出的影响分析——基于中国家庭追踪调查数据 [J]. 数理统计与管理，2019，38(03):381—393.

[65] 石智雷，杨雨萱 . 女性权益、社会地位与生育选择 : 相关文献评述 [J]. 人口学刊，2019，41(01):31—44.

[66] 孟令国，卢翠平，吴文洋 ."全面两孩"政策下人口年龄结构、养老保险制度对居民储蓄率的影响研究 [J]. 当代经济科学，2019，41(01):67—75.

[67] 任慧玲 . 生育政策调整与城镇居民消费结构变迁——基于系统耦合度测算分析 [J]. 当代经济管理，2019，41(04):57—65.

[68] 杜仕菊，程明月 .70 年消费观念变迁的哲学反思 [J]. 长白学

刊，2019，209(05):32—38.

[69] 蓝嘉俊，方颖，魏下海.性别比失衡下的婚姻匹配与劳动力市场表现——基于独生子女政策准自然实验的实证分析 [J]. 世界经济文汇，2019，251(04):67—84.

[70] 钱雪松，唐英伦，方胜.担保物权制度改革降低了企业债务融资成本吗？——来自中国《物权法》自然实验的经验证据 [J]. 金融研究，2019，469(07):115—134.

[71] 赵娟，赵光华.房价波动影响居民消费的双边效应分析 [J]. 商业经济研究，2019，773(10):56—58.

[72] 李丰，丁圆元，朱瑶瑶.中国城乡居民外出用餐差异及原因分析——基于 CHNS 数据的研究 [J]. 南京财经大学学报，2020(03):33—41.

[73] 林晓珊.中国家庭消费分层的结构形态——基于 CFPS2016 的潜在类别模型分析 [J]. 山东社会科学，2020(03):48—58.

[74] 睢党臣，程旭，吴雪.人口结构转变、人口红利与经济增长——基于中日两国的比较 [J]. 经济体制改革，2020(05):156—163.

[75] 李翌萱.中国老年人对子女家庭代际支持差异性研究 [J]. 浙江社会科学，2020(07):77—85+158—159.

[76] 王静.照料与情感：西藏林周养老实践与代际关系 [J]. 西藏大学学报 ( 社会科学版 )，2020，35(01):141—149.

[77] 陈东升.长寿时代的理论与对策 [J]. 管理世界，2020，36(04):66—86+129.

[78] 曾旭晖，李奕丰.变迁与延续：中国家庭代际关系的类型学研究 [J]. 社会，2020，40(05):190—212.

[79] 南永清，肖浩然，单文涛.家庭资产、财富效应与居民消费升级——来自中国家庭追踪调查的微观证据 [J]. 山西财经大学学报，2020，42(08):1—15.

[80] 刘娜，谭艳平，李小瑛.孩童抚育对我国城乡家庭消费的影响——基于 CLDS 数据的实证研究 [J]. 湘潭大学学报 ( 哲学社会科学版 )，2020，44(04):104—110.

[81] 汪伟，杨嘉豪，吴坤，徐乐.二孩政策对家庭二孩生育与消费的影响研究——基于 CFPS 数据的考察 [J]. 财经研究，2020，46(12):79—93.

[82] 刘娜，谭艳平，李小瑛.孩童抚育对我国城乡家庭消费的影响——基于 CLDS 数据的实证研究 [J]. 湘潭大学学报（哲学社会科学版 )，2020，44(04):104—110.

[83] 汪伟，杨嘉豪，吴坤，徐乐.二孩政策对家庭二孩生育与消费的影响研究——基于 CFPS 数据的考察 [J]. 财经研究，2020，46(12):79—93.

[84] 李婧，许晨辰.家庭规划对储蓄的影响："生命周期"效应还是"预防性储蓄"效应 ?[J]. 经济学动态，2020，No.714(08):20—36.

[85] 尹志超，李青蔚，张诚.收入不平等对家庭杠杆率的影响 [J]. 财贸经济，2021，(1):77—91.

[86] 陈友华，曹云鹤. 婚配、婚配消费与代际生活 [J]. 江苏社会科学，2021(02):41—48.

[87] 闫金山. 社会保障能促进居民增加消费支出吗——基于收入的实证分析 [J]. 广西社会科学，2021(08):134—141.

[88] 蒙昱竹，李波，潘文富. 财政支出、城市化与居民消费——对扩大内需的再思考 [J]. 首都经济贸易大学学报，2021，23(01):10—23.

[89] 孙靖凯，王仪思，汪晓凡等. 双向代际支持与老年人心理健康的相关性 [J]. 中国健康心理学，2021，29(04):504—508.

[90] 王军，詹韵秋. 子女数量与家庭消费行为：影响效应及作用机制 [J]. 财贸研究，2021，32(01):1—13.

[91] 邹红，彭争呈，陈建. 从解决温饱到全面小康：满足人民消费需要的体制机制变迁 [J]. 消费经济，2021，37(04):3—12.

[92] 尹志超，郭沛瑶. 精准扶贫政策效果评估——家庭消费视角下的实证研究 [J]. 管理世界，2021，37(04):64—83.

[93] 姚健，臧旭恒. 普惠金融、流动性约束与家庭消费 [J]. 财经理论与实践，2021，42(04):2—9.

[94] 刘宏，侯本宇方，陈斌开. 城镇化进程中财产性收入冲击对家庭消费的影响——来自房屋拆迁的准自然实验 [J]. 财贸经济，2021，42(09):112—128.

[95] 毕明建，王明康. 家庭资产配置对城镇居民旅游消费的影响——基于中国家庭追踪调查数据的经验分析 [J]. 当代经济管理，

2021，43(12):31—39.

[96] 李强，董隽含，张欣.子女数量和子女质量对父母自评幸福度的影响 [J].华东师范大学学报 ( 哲学社会科学版 )，2021，53(04):150—165+184.

[97] 宋泽，邹红.增长中的分化：同群效应对家庭消费的影响研究 [J].经济研究，2021，56(01):74—89.

[98] 刘怡，赵煦风.以税收分享制度改革促消费增长 [J].学习与探索，2021，309(04):86—93+178.

[99] 李冠华，陶帅.家庭收入波动、杠杆率与消费支出——基于中国家庭金融调查的微观证据 [J].南方金融，2022(01):12—25.

[100] 陈丽珍，赵昕东.人口老龄化和收入不平等对消费结构的影响——基于三种类型消费视角 [J].哈尔滨商业大学学报 ( 社会科学版 )，2022(01):74—85.

[101] 金岳，郑文平，王文凯.最低工资提升了低收入群体消费吗？——基于中国城镇最低工资线家庭的比较分析 [J].中央财经大学学报，2022(06):82—92.

[102] 贺京同，赵子沐.前瞻指引、预期管理与消费平滑——基于实验宏观经济学的研究 [J].南开经济研究，2022(09):60—81.

[103] 张敏，霍芬，林青.金融抑制、家庭流动性与消费行为选择 [J].商业经济研究，2022(24):85—87.

[104] 孙豪，王泽昊，姚健.房价对消费结构升级的影响：机制与实证 [J].上海财经大学学报，2022，24(02):61—77.

[105] 章成，洪铮．社会保障、包容性增长与居民消费升级 [J].人口与发展，2022，28(01):103—116+58.

[106] 吴卫星，王睿．生育意愿对家庭住房负债的影响 [J].北京工商大学学报 ( 社会科学版 )，2022，37(04):44—57.

[107] 傅联英，吕重阳．大变局下的消费升级：经济政策不确定性对消费结构的影响研究 [J].消费经济，2022，38(01):57—71.

[108] 杨瑞龙，任羽卓，王治喃．农村养老保险、代际支持与隔代抚育——基于断点回归设计的经验证据 [J].人口研究，2022，46(03):44—59.

[109] 李实，陈宗胜，史晋川等．"共同富裕"主题笔谈 [J].浙江大学学报 ( 人文社会科学版 )，2022，52(01):6—21.

[110] 付剑茹，梅国平，李飞飞．两化融合管理体系贯标能促进企业创新吗 ?[J].产业经济研究，2022，119(04):127—142.

[111] 龙朝阳，阳义南．家庭代际扶持、意愿缴费率与养老金支柱设计 [J].江西财经大学学报，2022，143(05):77—88.

[112] 黄志国，王博娟，陈孝伟．子代质量偏好、养老保险缴费率与家庭储蓄－教育投入权衡 [J].经济评论，2022，233(01):143—160.

[113] 尹鑫，王玖河．养老开支视角下居民储蓄动机研究 [J].价格理论与实践，2022，462(12):96—100.

[114] 乔榛，徐宏鑫．居民收入增长、分配结构与消费升级：基于中国经验的分析 [J].社会科学战线，2023(01):62—72.

[115] 何丹龙.经济发展不确定性对家庭消费结构的影响 [J]. 商业经济研究，2023(02):58—61.

[116] 穆怀中.人口老龄化对经济增长的影响路径与有限挤出理论演绎 [J]. 社会保障评论，2023，7(02):48—61.

[117] 后小仙，傅佳亮.收入不确定性会影响家庭教育支出吗 ?[J]. 经济与管理评论，2023，39(03):88—101.

[118] 王泽昊，姚健，孙豪.城乡收入差距、消费倾向与消费结构升级 [J]. 统计与决策，2022，38(15):51—54.

[119] 易行健，李家山，万广华，等.财富差距的居民消费抑制效应：机制探讨与经验证据 [J]. 数量经济技术经济研究，2023，40(06):27—47.

[120] 麻国庆.当代中国家庭变迁：特征、趋势与展望 [J]. 人口研究，2023，47(01):43—57.

[121] 徐瑾，陈慧琳，钱明明.人口老龄化、居民消费与产业结构升级 [J]. 经济问题探索，2023，488(03):143—158.

[122] 尚婷，王红霞，尉肖帅.人口老龄化对消费升级的影响——兼论人工智能的调节作用 [J]. 商业经济研究，2023，862(03):56—59.

[123] 陈晓毅.基于年龄结构的我国居民消费研究 [D]. 北京：中央财经大学，2015.

[124] 张倩.人口质量、代际扶持与居民家庭消费行为研究 [D]. 济南：山东大学，2019.

[125] 任慧玲.生育政策影响城镇居民消费研究 [D]. 上海：上海

社会科学院，2019.

[126]Barro R J. Are government bonds net wealth?[J]. *Journal of Political Economy*，1974，82(6): 1095—1117.

[127]Bernheim B D，Shleifer A，Summers L H. The Strategic Bequest Motive[J]. *Journal of Labor Economics*，1986，4(3，Part 2):S151—S182.

[128]Zeldes S P. Consumption and liquidity constraints: an empirical investigation[J]. *Journal of Political Economy*，1989，97(2): 305—346.

[129]Sloan F A，Zhang H H，Wang J. Upstream intergenerational transfers[J]. *Southern Economic Journal*，2002，69(2): 363—380.

[130]Zimmer Z，Kwong J. Family size and support of older adults in urban and rural China: Current effects and future implications[J]. *Demography*，2003，40(1): 23—44.

[131]Beck T，Levine R，Levkov A. Big bad banks? The winners and losers from bank deregulation in the United States[J].*The Journal of Finance*，2010，65(5): 1637—1667.

[132]Wei S J，Zhang X. The competitive saving motive: Evidence from rising sex ratios and savings rates in China[J]. *Journal of Political Economy*，2011，119(3): 511—564.

[133]Choukhmane T，Coeurdacier N，Jin K. The One–Child Policy and Household Savings[J]. *Journal of the European Economic Association,* 2023, 21(3): 987–1032.

[134]Tsuya N O. Below–Replacement fertility in Japan: Patterns,

factors, and policy implications[J]. *Low and lower fertility: Variations across developed countries*, 2015: 87–106.

[135]Lu J. The performance of performance–based contracting in human services: A quasi–experiment[J]*Journal of Public Administration Research and Theory*, 2016, 26(2): 277—293.

[136]Jiang Y H, Chang F. Influence of Aging Trend on Consumption Rate of Rural Residents——Empirical Analysis Based on Provincial Panel Data[J]. *Asian Agricultural Research*, 2018, 10(1812–2018–3597): 1—7.

[137]Cerulli G, Ventura M. Estimation of pre–and posttreatment average treatment effects with binary time–varying treatment using Stata[J]. *The Stata Journal*, 2019, 19(3): 551—565.

[138]Jia N, Zhou Y, Yang T. "Selective two–child" policy and household resource allocation[J].*China Economic Review*, 2021, 68.

[139]Xu G, Zhao X. The Influence of Aging Population on Consumption Quantity in China[J]. *Journal of Advanced Computational Intelligence and Intelligent Informatics*, 2021, 25(5): 601—609.

[140]Li M, Wang J. Influence of UTCP on the employment of female workers and the supply of labor force[J]. PLOS ONE, 2021, 16(11): 1–18.

[141]Bao L.Children's Relative Living Proximity and Intergenerational Support to Older Parents in China[J].Research on Aging, 2022, 44(3—4): 241—253.

[142]Raymo, J.M.The second demographic transition in Japan: a

review of the evidence[J].China Population and Development Studies，2022，6(3): 267—287.

[143]Becker G S.(1960)．"An economic analysis of fertility[A]. Demographic and economic change in developed countries: Aconference of the universities-national bureau committee for economic research"，New York: Columbia UniversityPress.